해커스 NCS
부산교통공사
봉투모의고사

부산교통공사
실전모의고사
1회

해커스공기업

수험번호	
성명	

부산교통공사 실전모의고사
1회
(직업기초능력평가 + 일반상식)

시작과 종료 시각을 정한 후, 실전처럼 모의고사를 풀어보세요.

시 　　분 ~ 　　시 　　분 (총 100문항/120분)

□ **시험 유의사항**

[1] 본 실전모의고사는 운영직 필기시험을 기준으로 구성되어, 직업기초능력 10개 영역으로 이루어진 NCS 50문항과 일반상식 50문항을 포함하고 있습니다.

[2] 마지막 페이지에 있는 OMR 답안지와 해커스잡 애플리케이션의 모바일 타이머를 이용하여 실전처럼 모의고사를 풀어본 후, 해설지 뒤에 있는 '부산교통공사 모의고사 온라인 성적 분석 서비스 이용권'을 사용하여 응시 인원 대비 본인의 성적 위치를 확인해보시기 바랍니다.

01. 다음 중 ⊙~◎에 대한 설명으로 적절하지 않은 것의 개수는?

제1조(목적)

이 내규는 ○○교통공사 도시철도 운전업무에 종사하는 자(이하 "종사원"이라 한다)의 열차 및 차량운전의 안전을 도모하기 위하여 항시 ⊙ 준수하여야 할 사항을 규정함을 목적으로 한다.

제12조(작업용구의 사용)

① 작업용구는 소중히 취급하여야 하며 ⓛ 이상이 있을 때에는 지체 없이 ⓒ 보수하도록 조치하여야 한다.

② 작업용구를 사용하고자 할 때에는 관리책임자의 ⓔ 허락을 받아 사용하여야 한다. 또한 사용한 후에는 소정 위치에 정비정돈 하여야 한다.

제15조(선로의 통행)

① ⓜ 작업상 필요한 경우 이외에는 선로 내를 ⓗ 보행 또는 선로를 횡단하여서는 아니 된다.

② 선로를 횡단할 때에는 반드시 일단 정지한 후 좌우를 살펴 안전을 확인하고 직각으로 횡단하여야 한다. 다만, 부득이한 사유로 ⓢ 통행할 때에는 열차의 진행 방향을 ◎ 대향(對向)하여 보행하고 대피 장소를 선정해 두어야 한다.

가) ⊙과 ⓒ의 '수'는 각각 다른 한자를 사용한다.

나) ⓛ의 올바른 한자 표기는 '理想'이다.

다) ⓔ과 '許可'은/는 유의 관계에 있는 단어이다.

라) ⓜ의 '上'은 의존 명사로 사용되어 앞말과 띄어 써야 한다.

마) ⓗ과 ⓢ의 '행'은 동일하게 '行'으로 적는다.

바) ◎은 서로 마주 본다는 의미로 사용되었다.

---

① 1개 　　　　 ② 2개 　　　　 ③ 3개 　　　　 ④ 4개 　　　　 ⑤ 5개

02. 다음 대화문을 보고, ㉠~㉤에 대한 설명으로 옳지 않은 것은?

> 김 대리 : (팀장실에 들어서며) 팀장님 안녕하세요? ㉠ 저…. 팀장님, 혹시 시간 좀 있으신가요?
>
> 박 팀장 : 네, 괜찮습니다. 여기 테이블에 앉아서 얘기할까요? 무슨 일이시죠?
>
> 김 대리 : (자리에 앉으며) 제가 사원급 팀원들이랑 얘기해 보니까. 경력 개발과 관련해서 고민이 있는데, 팀장님이나 차장님께는 선뜻 고민을 털어놓기 힘들어하는 친구들이 많더라고요. 그럴 때 제가 간단하게라도 상담해주면 좋겠다는 생각이 들더라고요.
>
> 박 팀장 : 오. 김 대리님이 좋은 아이디어를 내셨네요. 저도 그렇게 대리급 직원들이 적극적으로 나서서 사원들의 어려움을 들어주고 끌어주면 좋겠다고 생각하고 있었습니다. ㉡ 물론 팀장들과 면담을 하는 방법도 있고 인사팀과 논의하는 방안도 있지만, 같이 일을 하고 또 상대적으로 편하게 느껴지는 팀원들이 상담해주는 것도 좋죠. 편하게 이야기하면서 같이 해결 방안을 찾아갈 수 있으니까요.
>
> 김 대리 : 네, 팀장님. 그런데 막상 제가 상담을 해줄 생각을 하니까 어떻게 하면 그 친구들에게 도움이 될지 잘 모르겠더라고요.
>
> 박 팀장 : ㉢ 그러니까 상담 방법을 알고 싶은 거군요? 음…. 여러 가지가 있겠지만 가장 중요한 건 그 팀원의 말을 잘 들어주는 것이라고 생각합니다. 혹시 그 팀원이 말하는 내용이 대리님 생각과 맞지 않아도 섣불리 비판하지 말고요.
>
> 김 대리 : ㉣ (고개를 끄덕이며) 그렇군요. 그럼 좀 더 편하게 이야기할 수 있겠네요.
>
> 박 팀장 : 그렇죠. 그리고 그 팀원의 생각과 감정을 대리님도 공감하고 있다는 점을 전달하는 것도 중요합니다.
>
> 김 대리 : ㉤ 정말 그렇겠네요. 또 다른 방법은 없나요?
>
> 박 팀장 : 대리님이 직접 겪은 사례를 이야기해주는 것도 도움이 될 거예요.
>
> 김 대리 : 네, 팀장님. 정말 많은 도움이 되었습니다.
>
> 박 팀장 : 김 대리님. 상담을 하려면 이것저것 고민할 것이 많답니다. 제가 좀 더 자세히 정리하여 말씀드릴게요.

① ㉠ : 상대방이 느낄 부담을 덜어주기 위한 표현을 사용하고 있다.

② ㉡ : 상대방이 공유한 내용에 대해 공감하고 지지하고 있음을 드러내고 있다.

③ ㉢ : 자신이 상대방이 의도한 바를 정확하게 이해한 것이 맞는지 확인하고 있다.

④ ㉣ : 상대방에게 자신이 수긍하고 있음을 언어적·비언어적 표현으로 나타내고 있다.

⑤ ㉤ : 자신의 경험에 비추어 상대방이 언급한 내용에 대해 동의하고 있음을 드러내고 있다.

03. 다음은 ○○도시철도에서 진행하는 사진 공모전에 대한 안내문이다. 안내문을 읽고 난 후의 반응으로 가장 적절한 것은?

○○도시철도의 30년 역사와 미래가 공존하는 사진 공모전

▌응모 자격
  1) ○○ 지역에 거주하는 시민 누구나 참여 가능
  2) 개인 또는 4명 이하로 구성된 팀 단위로 참여 가능

▌응모 주제
  1) ○○도시철도의 과거 풍경을 담은 작품
    – 작품 선정 기준
      ① 현재는 볼 수 없는 과거의 풍경일수록 선정 확률 높음
      ② ○○도시철도가 처음으로 개통된 시기에 가까운 풍경일수록 선정 확률 높음
  2) ○○도시철도의 현재를 나타낸 작품
    – 작품 선정 기준
      ① ○○도시철도의 핵심 가치가 잘 드러날수록 선정 확률 높음
      ② ○○도시철도만의 매력이 잘 드러날수록 선정 확률 높음
  ※ 주제 1)과 주제 2)에 중복 지원 가능함
  ※ 동일인의 작품이 두 주제에 모두 선정되는 경우 순위가 더 높은 한 작품에 대해서만 시상함

▌응모 방법
  1) 접수 방법
    – ○○도시철도 홈페이지 > 사진 공모전 게시판에 신청서와 작품 사진 첨부하여 제출함
    – 첨부한 사진 파일명에는 성명과 작품명이 드러나도록 제출함
  2) 출품 형식
    – 한 주제당 1점의 작품을 출품할 수 있으며, 아래의 조건을 모두 만족해야 함
      ① 파일 형식: PNG, JPG, JPEG
      ② 촬영 기기: 제한 없음
      ③ 파일 용량: 장당 15MB 이내

▌응모 일정
  1) 응모 기간: 20XX년 XX월 XX일(월)~XX월 XX일(금)
  2) 수상작 발표: 20XX년 XX월 XX일(토)
  ※ 수상자에게는 별도의 연락을 통해 시상을 안내할 예정임

▌유의사항
  1) 초상권과 저작권 등 법적 문제가 없는 사진 작품을 제출해야 합니다.
  2) 타인의 작품을 표절한 것으로 인정되는 경우 시상에서 제외됩니다.
  3) 공모전 참여를 위한 사진 촬영은 공공질서에 위배되지 않는 선에서 허용됩니다.

① 수진 : "예전에 ☆☆시에서 개최한 사진 공모전에 함께 참가한 친구들 5명과 팀을 이루어 이번 공모전에 참가하면 좋을 것 같아."

② 혜정 : "홈페이지의 게시판을 통해서 내가 촬영한 사진 작품만 제출하면 된다니 공모전 접수 방법이 간단해서 좋아."

③ 유나 : "만약 내가 수상되었는지 확인하기 위해서는 수상작 발표일에 ○○도시철도 홈페이지에 접속해야겠구나."

④ 채연 : "사진 작품의 촬영 기기에는 제한이 없지만 그 용량이 15MB를 초과하는 작품을 출품하지 않도록 주의해야 해."

⑤ 단비 : "난 ○○도시철도의 과거 풍경과 현재의 풍경을 담은 사진 모두 제출하고 싶은데 둘 중 하나만 출품할 수 있다니 아쉬워."

04. 신입사원의 교육을 맡은 귀하는 교육이 끝난 후 신입사원에게 효과적인 경청 방법에 대해 질의하였다. 5명의 대답이 다음과 같다고 할 때, 틀린 내용을 이야기한 사람을 모두 고르면?

- **가준**: 강의를 들어야 하는 상황이라면 강의를 듣기 전 강의 주제를 미리 알아두고 관련 자료를 미리 읽어본 후 참석해야 강의를 효과적으로 경청할 수 있습니다.
- **나리**: 대화를 나눌 때는 상대의 말을 있는 그대로 받아들이기보다는 자기 생각과 일치하는 단서들을 찾아 자신의 의견을 확인하며 경청해야 합니다.
- **다혁**: 질문에 대한 답변을 바로 받기 어렵더라도 질문을 하면 상대방의 말을 적극적으로 경청할 수 있고 집중력 또한 높아집니다.
- **라경**: 너무 사적인 대화가 이어진다던가 위협적인 상황이 발생할 경우 농담으로 넘기거나 주제를 바꾸면 문제 상황을 쉽게 극복할 수 있습니다.
- **마음**: 대화 상대가 힘든 일을 겪어 위로하고자 한다면 상대의 말이 끝나자마자 위로를 해주거나 상대의 말에 즉시 동의해야 상대방이 자신의 감정을 추스르는 데 도움을 줄 수 있습니다.

① 가준

② 나리, 라경

③ 다혁, 마음

④ 나리, 라경, 마음

⑤ 라경, 마음

05. 다음 글의 빈칸에 들어갈 문장을 〈보기〉에서 골라 순서대로 바르게 나열한 것은?

> 월식이란 태양, 지구, 달이 일직선에 위치하여 달이 지구의 그림자에 가려지는 현상이다. 지구의 그림자는 태양 빛에 의해 만들어지는데, 태양에서 오는 모든 빛을 차단하는 본그림자와 태양 빛의 일부를 차단하는 반그림자로 나뉜다. 이때 달의 일부가 지구의 본그림자에 가려지는 현상을 부분월식이라고 하며, 전체가 가려지는 현상을 개기월식이라고 한다. 개기월식은 반드시 보름달일 때만 발생하는데 독특한 점은 항상 다른 현상과 함께 나타난다는 것이다.
>
> (   )
>
> 한편 블러드문과 같이 색과 관련된 명칭을 가진 또 다른 현상이 있다. 바로 블루문이다. 다만, 명칭에 푸른색이 들어가는 것이 무색하게 블루문은 한 달에 두 번 이상 보름달이 뜨는 것을 의미한다. 이는 달의 위상이 29.5일을 주기로 변화하여 매년 공전 주기와 약 11일의 차이가 발생해 일어난다. 따라서 19년 동안 7번가량 한 달에 보름달이 두 번씩 뜨는 경우가 발생하며, 우연히 주기가 겹치면 개기월식과 블루문이 동시에 일어나기도 한다.

〈보기〉

㉠ 대표적으로 일몰 시 하늘이 붉어 보이는 현상이 있는데, 태양 빛이 한낮보다 더 긴 통로를 통해 지면에 도달하면서 산란 강도가 낮은 적색광이 지표면에 더 많이 도달하기 때문이다.

㉡ 즉, 대기 중 입자의 굴절률에 따라 태양 빛 중 상대적으로 파장이 긴 적색광이 파장이 짧은 청색광보다 더 적게 산란하여 더 멀리 도달하는 것이다.

㉢ 블러드문 현상도 마찬가지로 태양 빛이 지구의 대기를 통과하는 과정에서 푸른빛은 모두 산란하여 없어지고 붉은빛만 달에 도달하며, 이 빛이 다시 반사되어 지구에서 달이 붉어 보이는 것이다.

㉣ 달이 붉어 보이는 현상이 일어나는 원리는 공기 중 미립자의 지름이 빛의 파장보다 작을 때 산란 강도가 파장의 4제곱에 반비례한다는 레일리 산란과 관련 있다.

㉤ 개기월식이 일어날 때 지구에서 달이 붉은색으로 물들어 보이는 블러드문 현상이 가장 대표적이다.

① ㉠ − ㉡ − ㉢ − ㉤ − ㉣

② ㉠ − ㉢ − ㉣ − ㉡ − ㉤

③ ㉤ − ㉠ − ㉡ − ㉢ − ㉣

④ ㉤ − ㉣ − ㉡ − ㉠ − ㉢

⑤ ㉤ − ㉣ − ㉠ − ㉢ − ㉡

06. 다음 ㉠, ㉡에서 설명하는 원인과 결과 사이의 패턴 형태를 순서대로 바르게 나열한 것은?

> ㉠ 문제에 대한 원인이 앞에 있고 그 뒤에 결과가 생기는 인과관계를 의미하며, 대표적인 예로 소매점에서 할인율을 계속 낮춤으로 인해 매출액이 내려가기 시작하는 경우
> ㉡ 원인과 결과를 구분하기 어려운 경우를 의미하며, 대표적인 예로 브랜드의 인지도 향상이 매출 확대로 이어지고, 매출 확대가 다시 브랜드의 인지도 향상에 영향을 미치는 경우

	㉠	㉡
①	단순한 인과관계	복잡한 인과관계
②	단순한 인과관계	닭과 계란의 인과관계
③	닭과 계란의 인과관계	단순한 인과관계
④	닭과 계란의 인과관계	복잡한 인과관계
⑤	복잡한 인과관계	닭과 계란의 인과관계

07. ○○교통공사에서는 지하철 이용객 중 200명을 대상으로 서비스 만족도 평가를 진행한 후, 평가 결과를 아래와 같이 정리하였다. 평가 점수는 100점 만점일 때, 서비스 만족도 평가 점수의 평균값은?

평가 점수(점)	응답자 수(명)
0 이상~25 미만	20
25 이상~50 미만	60
50 이상~75 미만	80
75 이상~100 미만	40
합계	200

① 50점　　　　② 55점　　　　③ 60점　　　　④ 65점　　　　⑤ 70점

08. 다음 식에서 연산 ■에 적용된 규칙을 찾아 21■7을 계산한 값은?

10■5=20	8■32=2	15■9=25	6■12=3

① 4　　　　② 6　　　　③ 30　　　　④ 56　　　　⑤ 63

09. 영수는 2년 만기 단리 예금 상품에 가입하여 100만 원을 입금했다. 단리 예금 상품의 연 이자율은 4%일 때, 2년 만기 후 영수가 받는 금액은? (단, 이자의 12%는 과세된다.)

① 1,040,800원　　② 1,050,400원　　③ 1,070,400원　　④ 1,400,200원　　⑤ 1,800,000원

10. 다음은 현재 국내시장에 고시된 환율 정보이다. 혁진이는 지난주에 유럽 여행을 다녀오고 남은 경비인 15유로를 중국 위안으로 환전하려고 한다. 혁진이가 환전받을 위안화의 금액은? (단, 소수점 둘째 자리에서 반올림한다.)

통화명	매매기준율
미국 1달러	1,232원
유럽연합 1유로	1,328원
일본 1엔	1,130원
중국 1위안	177원

① 104.4위안　　② 108.2위안　　③ 112.5위안　　④ 116.5위안　　⑤ 120.0위안

11. 다음은 국내 7개 도시의 화훼 농가수와 판매량을 나타낸 자료이다. 다음 중 각 도시의 농가 1호당 평균 화훼 판매량이 5년 중 가장 많을 때의 값으로 적절하지 않은 것은? (단, 화훼 판매량은 백의 단위에서 반올림한다.)

[연도별 화훼 농가수 및 판매량]

(단위 : 호, 천 본)

구분	2014		2015		2016		2017		2018	
	농가수	판매량	농가수	판매량	농가수	판매량	농가수	판매량	농가수	판매량
서울	156	4,119	156	3,976	150	3,850	139	2,744	104	1,355
부산	334	50,577	333	49,084	335	50,764	334	51,386	320	50,901
대구	80	10,716	67	9,595	65	5,023	67	8,841	70	8,129
인천	55	7,580	54	7,719	49	7,502	49	6,744	45	5,662
광주	69	12,525	55	10,430	53	9,732	41	4,177	36	7,889
대전	50	2,607	44	1,320	18	457	34	2,303	33	1,981
울산	38	1,374	37	967	35	1,157	31	1,062	24	920

※ 출처 : KOSIS(농림축산식품부, 화훼재배현황)

① 대전 – 68천 본　　② 광주 – 190천 본　　③ 인천 – 153천 본
④ 부산 – 159천 본　　⑤ 울산 – 38천 본

12. 다음은 연령별 부산광역시 크루즈 방문객 수를 나타낸 자료이다. 자료에 대한 설명으로 가장 적절한 것은?

[연령별 부산광역시 크루즈 방문객 수]

(단위 : 명)

구분	2015년	2016년	2017년	2018년	2019년
합계	229,968	788,562	255,698	200,321	271,840
19세 이하	9,489	66,092	16,222	9,180	12,253
20대	19,324	85,123	29,805	24,483	32,836
30대	47,137	166,353	48,671	30,393	39,535
40대	36,959	125,337	36,770	24,408	33,173
50대	34,857	111,499	33,481	24,198	33,379
60대	43,869	142,892	47,595	42,785	57,074
70세 이상	38,333	91,266	43,154	44,874	63,590

※ 출처 : KOSIS(부산광역시, 부산광역시크루즈행정통계)

① 2019년 부산광역시의 전체 크루즈 방문객 중 30대가 차지하는 비중은 약 15.5%이다.
② 2016년 부산광역시 크루즈의 60세 이상 방문객 수는 150,000명 이하이다.
③ 부산광역시 크루즈의 20대 방문객 수는 제시된 기간 중 2019년에 가장 많았다.
④ 2017년 부산광역시 크루즈의 50대 방문객 수의 전년 대비 감소율은 약 67.7%이다.
⑤ 제시된 연령 중 2018년 부산광역시의 크루즈 방문객 수가 네 번째로 많은 연령은 20대이다.

13. A~F 6명은 각각 인사팀, 기획팀, 영업팀 중 한 팀에 소속되어 있으며, 각자 서로 다른 시간에 출근했다. 다음 조건을 모두 고려했을 때, 항상 옳은 것은?

- 세 팀의 직원 수는 서로 다르며, 인사팀 직원 수가 가장 많다.
- F보다 늦게 출근한 직원은 2명이며, 각각 기획팀, 인사팀이다.
- C와 E는 서로 같은 팀에 소속되어 있다.
- 영업팀 직원들은 연속해서 출근하지 않았다.
- D는 기획팀이고, A보다 바로 먼저 출근했다.
- 6명 중 가장 먼저 출근한 직원은 인사팀이다.

① C는 E보다 늦게 출근했다.
② B는 두 번째로 출근했다.
③ C는 인사팀이 아니다.
④ A는 E와 다른 팀이다.
⑤ F는 B보다 먼저 출근했다.

14. 다음 설명에 해당하는 창의적 사고의 개발 방법으로 가장 적절한 것은?

> 어떤 생각에서 다른 생각을 떠올리는 방법을 통해 생각나는 것을 계속해서 연상해가는 자유연상법의 대표적인 사고 기법이다. 주로 5~8인이 모여 자유롭게 아이디어를 내놓는 방식을 활용하며, 한 가지 문제해결을 위해 회의를 통해 다양한 아이디어를 구상할 수 있기 때문에 짧은 시간에 여러 가지의 해결 답안을 만드는 데 효과적이다.

① 브레인스토밍　　　　　② 속성열거법　　　　　③ NM법
④ 시네틱스　　　　　　　⑤ 희망점열거법

15. 다음 명제가 모두 참일 때, 항상 옳은 것은?

> • 사과를 먹는 사람은 바나나도 먹는다.
> • 수박을 먹지 못하거나 멜론을 먹지 못하는 사람은 오이도 먹지 못한다.
> • 사과를 먹는 사람은 멜론을 먹지 못한다.
> • 바나나를 먹는 사람은 바나나맛 우유도 먹는다.

① 오이를 먹는 사람은 멜론을 먹지 못한다.
② 오이를 먹는 사람은 사과를 먹지 못한다.
③ 사과를 먹는 사람은 바나나맛 우유를 먹지 못한다.
④ 수박을 먹는 사람은 오이도 먹는다.
⑤ 바나나를 먹지 못하는 사람은 멜론도 먹지 못한다.

16. 다음은 부산교통공사의 무임승차 대상별 현황에 대한 자료이다. 자료에 대한 설명으로 가장 적절하지 않은 것은?

[무임승차 대상별 인원 및 비용]

(단위 : 천 명, 백만 원)

구분	2016년		2017년		2018년	
	인원	비용	인원	비용	인원	비용
노인	72,059	91,450	77,631	103,710	79,920	109,126
장애인	14,535	18,446	14,854	19,843	14,717	20,095
국가유공자	963	1,222	934	1,248	1,036	1,415
전체	87,557	111,118	93,419	124,801	95,673	130,636

※ 출처 : KOSIS(한국철도공사, 한국철도통계)

① 2017년 이후 장애인 무임승차 인원과 국가유공자 무임승차 인원의 전년 대비 증감 추이는 서로 정반대이다.

② 2016년 대비 2017년 노인 무임승차 비용의 증가액과 2017년 대비 2018년 노인 무임승차 비용의 증가액의 차이는 6,844백만 원이다.

③ 2018년 전체 무임승차 인원은 2년 전 대비 8,116천 명 증가하였다.

④ 2017년 장애인 무임승차 비용은 전년 대비 약 8.5% 증가하였다.

⑤ 2018년 노인 무임승차 인원은 같은 해 국가유공자 무임승차 인원의 75배 이상이다.

17. ○○회사는 4층으로 이루어진 A동과 B동 건물을 사무실로 사용한다. 다음 조건을 모두 고려하였을 때, 항상 옳은 것은?

- 두 건물에는 기획 1팀, 기획 2팀, 전략개발팀, 인사팀, 영업팀, 전산관리팀이 근무한다.
- 각 건물은 한 층당 하나의 사무실로 이루어졌으며, 서로 다른 팀이 같은 사무실을 사용하는 경우는 없다.
- 기획 1팀과 기획 2팀은 같은 층 사무실을 사용한다.
- 전산관리팀은 B동 4층 사무실을 사용한다.
- 전략개발팀 바로 아래에 위치한 사무실은 어떤 팀도 사용하지 않는다.
- 영업팀 바로 위에 위치한 사무실은 인사팀이 사용한다.
- 전산관리팀과 같은 층 사무실을 사용하는 팀은 없다.
- 기획 2팀은 영업팀보다 위에 위치한 사무실을 사용한다.

① 기획 1팀과 전산관리팀은 다른 동 사무실을 사용한다.

② A동 사무실을 사용하는 팀은 2개이다.

③ 영업팀과 전략개발팀은 같은 동 사무실을 사용한다.

④ B동 1층 사무실은 어떤 팀도 사용하지 않는다.

⑤ 전략개발팀과 인사팀은 같은 층 사무실을 사용한다.

18. 다음 게임 규칙에 따라 2회의 게임을 진행하였을 때, 나올 수 있는 결과로 적절하지 않은 것은?

[게임 규칙]

• 6×6 게임판 중앙에 아래 그림과 같이 검은색 돌과 흰색 돌이 2개씩 배치된 상태로 게임을 시작한다.

• 검은색 돌과 흰색 돌을 1개씩 번갈아 두는 순서로 게임을 진행하고, 검은색 돌을 가장 먼저 둔다.
• 검은색 돌과 흰색 돌을 모두 1개씩 두면 1회 진행한 것으로 간주한다.
• 다른 색 돌의 상하, 좌우, 대각선 양 끝 중 한 곳에 돌을 두었을 때, 둔 돌과 같은 색 돌이 양 끝에 모두 놓이면 사이에 있는 다른 색의 모든 돌은 양 끝에 둔 돌과 같은 색으로 변한다.
• 다른 색 돌을 적어도 1개 이상 같은 색 돌로 변화시킬 수 있는 위치에 돌을 둔다.

①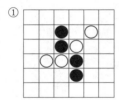

②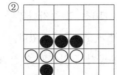

③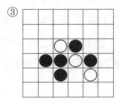

④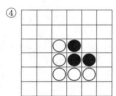

⑤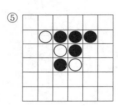

19. 0과 1로 구성된 숫자에 일정한 규칙을 부여하여 만들어진 암호가 다음과 같을 때, '01010'을 암호로 나타낸 것은?

숫자	암호
1010011	3471
110010	3360
101000	4260
1110011	2571

① 2350 ② 2460 ③ 3250 ④ 3361 ⑤ 4371

20. 다음은 직장인 보현 씨가 자취를 위해 찾아본 매물 A~E의 정보이다. 월세로 1년 계약 시 어떤 매물의 1년 동안 지불총액이 가장 적은가?

구분	A	B	C	D	E
보증금(만 원)	4,000	3,900	4,000	3,800	3,700
월세(만 원)	30	50	40	40	60

① A   ② B   ③ C   ④ D   ⑤ E

21. 다음은 홀랜드 직업성격유형의 여섯 가지 성격유형이다. 다음 글에서 설명하고 있는 A씨의 직업성격유형으로 가장 적절한 것은?

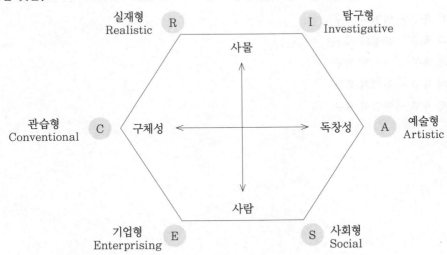

    A씨는 평소 정해진 계획이나 매뉴얼에 따라 업무를 진행하는 것을 선호한다. 그러나 현재 맡은 업무는 외부 환경 변화에 따라 업무 변동이 잦고, 아이디어를 기획하거나 타 부서와 협업해야 하는 경우가 많아 본인의 적성과 맞지 않는다는 고민 끝에 직업성격유형 검사를 받았다. 그 결과 A씨는 본인의 직업성격유형이 회계사, 은행원 등이 어울린다는 것을 알게 되었다.

① 실재형(R)   ② 탐구형(I)   ③ 예술형(A)   ④ 사회형(S)   ⑤ 관습형(C)

22. 자기개발이 실패하는 원인 중 하나는 인간의 욕구와 감정이 작용하기 때문이다. 다음 ㉠, ㉡이 자아실현의 욕구보다 더 우선적으로 여기는 욕구가 있어 자기개발이 이루어지지 않는 사례라고 할 때, ㉠, ㉡에 나타난 욕구를 순서대로 나열한 것은?

[매슬로의 욕구 단계 이론]

㉠ 김 사원은 영어 회화 능력을 키우고 싶지만, 월세와 식비, 휴대폰 요금과 같은 필수적인 생활비만으로도 월급의 대부분을 사용해서 학원 등록을 할 생각을 못 하고 있다.
㉡ 윤 과장은 업무 능력 향상을 위해 엑셀 수업을 들을지 고민했지만, 엑셀 수업을 들으려면 가족과 보내는 시간을 줄여야 해서 포기하였다.

① 생리적 욕구 – 안전의 욕구
② 생리적 욕구 – 존경의 욕구
③ 안전의 욕구 – 사회적 욕구
④ 안전의 욕구 – 존경의 욕구
⑤ 사회적 욕구 – 안전의 욕구

23. 다음은 다중지능이론에 대한 설명이다. 설명을 토대로 지능 유형과 지능이 두드러지게 나타난 인물을 연결한다고 할 때, 가장 적절하지 않은 것은?

다중지능이론이란 지능을 단일한 구조로 설명하였던 전통적인 지능론에 반대되는 개념으로, 인간의 지능이 여러 가지 영역으로 구성되어 있다는 이론이다. 다중지능이론의 개념을 제시한 하워드 가드너는 지능을 언어, 논리수학, 공간, 신체운동, 음악, 인간 친화(대인관계), 자기성찰, 자연 친화로 구분하였다. 언어 지능은 말과 글을 사용하고 표현하는 능력, 논리수학 지능은 숫자나 기호, 상징체계 등을 이해하고 논리적·수학적으로 사고하는 능력, 공간 지능은 도로, 그림, 지도, 입체 등을 구성하고 창조하는 능력을 의미한다. 한편 음악 지능은 음악적 요소를 파악하고 표현하는 능력, 신체운동 지능은 목적에 맞게 신체의 다양한 부분을 움직이고 통제하는 능력을 의미하는데, 우리가 흔히 떠올리는 음악가, 체육인들이 이런 유형의 지능이 뛰어난 사람들이다. 인간 친화 지능은 타인의 기분이나 생각, 감정을 잘 파악하고 이해하는 능력으로 정치인들에게 특히 필요한 능력이며, 자기성찰 지능은 자신의 내적 문제에 대해 성찰하고 해결하는 능력, 자연 친화는 자연을 분석하고 상호작용하는 능력을 뜻한다. 가드너는 지능 영역들이 상호독립적이어서 한 분야에서 뛰어나더라도 다른 모든 영역에서 뛰어나지 않을 수 있으며, 지능은 가변적인 것으로 그 사람이 속한 사회 문화적 환경에 따라 발전하는 영역이 달라질 수 있다고 보았다.

① 논리수학 지능 – 아인슈타인, 스티븐 호킹
② 공간 지능 – 셰익스피어, 오프라 윈프리
③ 신체운동 지능 – 김연아, 마이클 조던
④ 인간 친화 지능 – 마틴 루터 킹, 링컨
⑤ 자연 친화 지능 – 파브르, 다윈

24. ○○교통공사에 입사한 박 사원은 효율적인 시간 관리를 위하여 자신의 업무를 일의 우선순위 판단 매트릭스에 적용하여 'A – C – B – D'의 순서로 업무를 처리하려고 한다. 다음 중 박 사원이 처리해야 할 업무 순서로 가장 적절한 것은?

구분	긴급함	긴급하지 않음
중요함	A	B
중요하지 않음	C	D

㉠ 박 사원이 좋아하는 스포츠 뉴스 확인
㉡ 내일 진행하는 영농인력 육성 교육 준비
㉢ 장기간에 걸친 소비자 유통망 활성화를 위한 계획 수립
㉣ 외근 보고서 작성

① ㉠ – ㉡ – ㉢ – ㉣
② ㉡ – ㉢ – ㉣ – ㉠
③ ㉡ – ㉣ – ㉢ – ㉠
④ ㉢ – ㉡ – ㉣ – ㉠
⑤ ㉣ – ㉢ – ㉠ – ㉡

25. 최근 지속적으로 업무 마감을 지키지 못하는 유 대리는 팀장님과의 면담으로부터 시간 관리가 안 되는 것 같다는 피드백을 받았다. 과중한 업무량으로 일이 지연된다고 생각했는데, 팀장님과 면담 이후 스스로 개선이 필요하다는 생각이 들어 자신의 행동 중 시간 낭비 요인이 될 수 있는 것들을 적어보았다. 유 대리가 메모에 작성한 내용 중 시간 낭비 요인으로 보기 어려운 것은?

> [메모]
> ㉠ 일이 밀릴 경우 프로젝트 기한을 늦추면 된다고 생각한다.
> ㉡ 우선순위를 고려하여 여러 일 중에 어느 일을 먼저 처리할 것인지 결정했다.
> ㉢ 체크리스트 없이 업무를 진행하여 같은 실수를 여러 번 반복했다.
> ㉣ 내가 할 수 있는 일은 무슨 일이 있어도 내가 처리한다.
> ㉤ 준비가 덜 된 상태로 회의에 참석하는 경우가 많아 회의가 길어졌다.

① ㉠   ② ㉡   ③ ㉢   ④ ㉣   ⑤ ㉤

26. 인사부서 소속인 김 사원은 신입사원을 각 부서에 배치할 계획이다. 김 사원과 윤 팀장의 대화 내용을 고려하였을 때, 김 사원이 적용하고자 하는 인력 배치의 원칙은?

> 김 사원: 팀장님, 기본 교육 훈련이 끝난 신입사원들을 각 부서에 배치하려고 해요.
> 윤 팀장: 네, 어떻게 배치할 건지 생각해보셨나요?
> 김 사원: 먼저 신입사원을 대상으로 설문조사를 진행하여 사원들이 각자 희망하는 부서를 알아볼 생각이에요. 그 이후 부서별로 부족한 인력을 파악해 기본 교육 훈련 평가 결과를 반영하여 배치할 생각입니다.
> 윤 팀장: 신입사원이 희망하는 부서가 기본 교육 훈련 평가 결과 신입사원 성격이나 능력과 맞지 않다고 판단되는 경우에는 어떻게 하실 건가요?
> 김 사원: 그럴 경우 신입사원과의 면담을 통해 신입사원이 원하는 부서는 아니지만 팀의 효율성을 높이기 위해 신입사원의 능력이나 성격이 가장 적합한 부서에 배치하여 능력을 최대로 발휘할 수 있는 부서로 배치하고자 합니다.

① 적재적소주의   ② 능력주의   ③ 균형주의
④ 단결의 원칙   ⑤ 종업원 안정의 원칙

27. 인사팀 장 사원은 직장 내 창의력 발달을 위한 소모임을 만들어보려고 한다. 소모임 활동으로 바둑, 장기, 체스, 오목, 카드 중 한 가지를 선택하기 위해 사원들을 대상으로 선호 순위 조사를 진행하였고, 선호 1순위~3순위를 동일하게 응답한 사원을 한 집단으로 구분하여 응답자 수가 많은 집단부터 차례대로 결과를 나타냈다. 다음 선호 순위 조사 결과와 소모임 활동 선정 과정에 따라 장 사원이 소모임으로 선정할 활동은? (단, 선호 순위 조사 결과 외의 다른 결과는 나오지 않았다.)

[선호 순위 조사 결과]

집단 구분	응답자 수	1순위	2순위	3순위
1	16명	장기	바둑	체스
2	13명	바둑	체스	오목
3	11명	체스	장기	카드
4	10명	오목	장기	바둑
5	8명	체스	바둑	카드
6	7명	장기	체스	바둑

[소모임 활동 선정 과정]

과정 1. 선호 순위 조사 결과에서 활동별 1순위 응답자 수의 합이 많은 상위 2가지 활동을 선정한다.

과정 2. 선정된 2가지 활동 중 각 집단에서 선호 순위가 더 높은 활동에 그 집단의 응답자 수를 산정하고, 응답자 수의 합이 더 많은 활동을 소모임으로 선정한다.

① 바둑   ② 장기   ③ 체스   ④ 오목   ⑤ 카드

[28-29] 다음은 ○○시에 위치한 사무실과 지하철역 사이의 거리를 나타낸 표이다. ○○시 사무실에 근무하는 최 사원은 지역 내 지하철역을 방문하여 시설 점검을 하고 보고서를 작성하려고 한다. 각 물음에 답하시오.

[사무실과 지하철역 사이의 거리]

(단위 : km)

구분	사무실	A역	B역	C역
사무실	–	7	13	8
A역	7	–	9	10
B역	13	9	–	12
C역	8	10	12	–

28. 최 사원이 사무실을 출발해서 최단 거리로 이동하여, 3개의 지하철역을 한 번씩 방문한 후 조사를 마치고 사무실로 돌아올 때의 총 이동 거리는?

① 31km ② 34km ③ 36km ④ 40km ⑤ 42km

29. 최 사원은 A~C역에 방문 약속을 잡았으며, 사무실에서 출발해서 일정에 따라 B역 – C역 – A역 순으로 조사를 마치고 사무실로 복귀할 예정이다. 최 사원의 차량 연비와 연료 가격이 다음과 같을 때, 차량을 이용하여 조사를 마치는 데 소요되는 유류비는?

연비	연료 가격
1.2km/L	1,400원/L

① 42,000원 ② 46,600원 ③ 49,000원 ④ 50,400원 ⑤ 53,200원

30. 총무부에 배치된 신입 유 사원은 창고관리 업무를 인수인계받으며 다음과 같은 내용을 배웠다. 이를 통해 유 사원이 창고에 비품을 배치한 내용으로 가장 적절하지 않은 것은?

[창고관리 인수인계]

1. 같은 품종은 같은 장소에 배치한다.
2. 유사품은 인접한 장소에 배치한다.
3. 입·출하 빈도가 높은 품목부터 출입구에서 가까운 곳에 배치한다.
4. 물품의 활용 빈도가 상대적으로 높은 것은 가져다 쓰기 쉬운 위치에 배치한다.
5. 물품의 재질, 무게와 부피 등의 물품 특성을 반영하여 보관 장소를 선정한다.
　…(후략)…

① 비품별 지정석을 마련하여 사용 후 다시 제자리에 둘 수 있도록 하였다.

② 비품을 옮기는 데 이용되는 핸드카는 가져다 쓰기 쉬운 위치에 배치하였다.

③ A4용지와 B4용지 등의 지류는 가까운 곳에 배치하였다.

④ 매년 체육대회마다 사용하는 현수막은 출입구와 가까운 곳에 배치하였다.

⑤ 유리컵은 따로 보관하기로 하였다.

31. 다음은 기업의 제품과 시장을 기준으로 기업 전략을 결정할 때 사용하는 앤소프(Ansoff)의 매트릭스이다. ⓐ에 해당하는 사례로 옳은 것은?

구분	기존제품	신제품
기존시장	시장침투 전략	제품개발 전략
신시장	ⓐ 시장개발 전략	다각화 전략

① 작년 에어컨 부분 판매 1위를 달성했던 A사는 올해 제품 가격을 인하하여 시장점유율을 더욱 확대했다.

② 제과 업체 B사는 국내에서 큰 인기를 얻은 초콜릿 과자를 주력 상품으로 하여 중국 시장에 진출했다.

③ 유명 명품가방 브랜드인 C사는 출판 시장에 뛰어들어 잡지를 만들었다.

④ 유제품 제조업체인 D사는 기존에 없던 커피 맛 치즈라는 혁신적인 신제품을 출시하였다.

⑤ 의약 사업으로 시작한 E사는 사업의 위험을 분산시키기 위해 의류 산업에 새롭게 진출했다.

32. 다음 대화를 통해 확인할 수 있는 비효율적인 팀의 징후는?

> 오 팀장: 김 대리. 지난번에 맡긴 기획안 업무 어떻게 되었나? 보고하기로 한 시점이 지난 것 같아서 말이야.
> 김 대리: 네, 팀장님. 이 대리가 보고서 작성에 필요한 자료를 너무 늦게 전달하는 바람에 보고서 작성 업무가 다소 늦었습니다. 오늘 중으로는 보고 드리겠습니다.
> 이 대리: 김 대리님. 그렇게 말씀하시면 저만 잘못한 것처럼 들리지 않습니까? 처음에 김 대리님이 자료를 잘못 요청하셔서 다시 자료 조사를 하느라 전달이 늦어진 것이고, 늦어진 것도 겨우 하루 늦어졌을 뿐이지 않습니까.
> 김 대리: 제가 잘못 요청했다고요? 지난번엔 분명 이 대리님이 본인이 잘못 이해한 것 같다고 하셨잖아요. 그리고 업무에 있어서 하루 지연이 얼마나 큰 영향을 미치는지는 이 대리님도 잘 아실 것이라 생각하는데요.
> 이 대리: 보고 일정에 영향을 줄 정도로 중요한 자료였으면 미리미리 김 대리님이 체크하셨어야지요.

① 제안과 혁신 또는 효율적인 문제해결의 부재
② 비효율적인 회의
③ 리더에 대한 높은 의존도
④ 팀원들 간의 적대감이나 갈등
⑤ 냉담과 전반적인 관심 부족

33. 다음은 협상 과정의 5단계이다. ㉠~㉢에 들어갈 내용이 바르게 나열된 것은?

1단계 협상 시작	• 협상 당사자들 사이에 상호 친근감 구축 • 간접적 방식으로 협상의사 전달 • 상대방 협상 의지를 확인 • 협상 진행을 위한 체제를 구축

▼

2단계 (㉠)	• 갈등 문제의 진행 상황 및 현 상황을 점검 • 적극적 경청 및 자기주장 제시 • 협상을 위한 협상 대상 안건을 결정

▼

3단계 (㉡)	• 겉으로 주장하는 것과 실제로 원하는 것을 구분하여 실제로 원하는 것을 찾아냄 • 분할과 통합 기법을 활용하여 이해관계를 분석함

▼

4단계 (㉢)	• 협상 안건마다 대안들을 평가 • 개발한 대안들을 평가 • 최선의 대안에 대해 합의 및 선택 • 대안 이행을 위한 실행계획을 수립

▼

5단계 합의 문서	• 합의문을 작성 • 합의문의 합의 내용, 용어 등을 재점검 • 합의문에 서명

	㉠	㉡	㉢
①	상호 이해	해결 대안	실질 이해
②	상호 이해	실질 이해	해결 대안
③	실질 이해	상호 이해	해결 대안
④	실질 이해	해결 대안	상호 이해
⑤	해결 대안	상호 이해	실질 이해

34. 다음 중 경영의 구성요소가 아닌 것은?

① 경영정보 ② 인적자원 ③ 경영전략

④ 경영목표 ⑤ 자본

35. 다음 대화를 읽고 김 팀장이 시도한 나 전달법(I-message)으로 가장 적절한 것은?

> 김 팀장 : 팀원들과 소통하고 싶지만, 어떻게 해야 할지 잘 모르겠어요.
> 상담사 : 얘기해 주신 내용을 들어보니 팀원들 입장에서는 김 팀장님이 자신의 이야기를 들어주기보다는 잘못을 나무란다고 생각하는 상황으로 보여요. 대화를 통해 상처를 받으니 대화하지 않는 편을 택하는 거죠.
> 김 팀장 : 그렇다면 서로를 이해할 수 있는 대화 방식을 알려주실 수 있을까요?
> 상담사 : 저는 김 팀장님과 같이 의사소통 문제를 겪는 분들에게 '나 전달법(I-message)'을 권하고 있어요. '나'를 주어로 해서 상대방의 행동에 대한 자신의 감정을 전달하는 방법이에요.
> 김 팀장 : 혹시 저의 감정만 전달하다 보면 상대방이 자신의 잘못을 깨닫지 못할 수 있지 않을까요?
> 상담사 : 팀원의 행동이 팀장님에게 어떠한 영향을 미치는지 함께 설명해주면 자신의 잘못도 함께 깨달을 수 있을 거예요.

① "김 사원도 늦게까지 놀고 싶다는 것은 나도 이해하네. 나도 철없던 시절에는 한잔하느라 다음 날 출근을 못한 적도 있지."

② "김 사원. 책상이 이렇게 더러우면 업무에 집중이 잘 안 될 것 같은데, 김 사원은 괜찮나?"

③ "김 사원이 회의 시간에 감정적으로 나올 때마다 내가 아주 불안하네. 그러다가 팀에 불화가 생기지는 않을까 걱정돼서 잠을 이룰 수 없어."

④ "앞으로 한 달은 김 사원이 하고 싶은 대로 둘 테니 김 사원 하고 싶은 대로 하게. 김 사원이 무슨 사고를 쳐도 내가 화내지 않을게."

⑤ "김 사원. 개인적인 통화로 장시간 자리를 비우는 것은 자제해야 한다고 이전에도 가르쳐 주지 않았나?"

36. 인사부서의 팀장인 귀하는 팀원들과의 개별 면담을 진행한 뒤 면담 진행 여부를 확인하기 위해 엑셀 프로그램을 사용하여 면담을 완료한 팀원의 이름이 입력된 셀 옆에 모두 '완료'라는 데이터를 입력하고자 한다. 이때 귀하가 사용해야 하는 단축키로 가장 적절한 것은?

① Ctrl + Enter
② Ctrl + Home
③ Ctrl + F6
④ Alt + Enter
⑤ Alt + F4

37. N쇼핑몰 정 대표는 전월 기준 2월 재구매자 및 비구매자 현황을 조사하였으며, 이를 바탕으로 3월 비구매자 비율은 높아지고 구매자 이탈 또한 가속화될 것으로 예측하였다. 분석 결과를 기반으로 정 대표는 직원들에게 구매 고객의 재구매 활동을 증진시킬 마케팅 전략을 요구하였을 때, 정 대표가 사용한 분석 방법은?

① ABC 분석
② 마르코프 분석
③ 회귀분석
④ 간트 차트
⑤ Z 차트

38. 다음 지문의 빈칸에 들어갈 용어로 적절한 것은?

> 스미싱(Smishing)은 휴대폰 문자메시지를 뜻하는 SMS와 (　　　　)의 합성어로, 문자메시지를 이용한 휴대폰 해킹 기법이다. 주로 할인 쿠폰이나 무료 쿠폰으로 사용자들을 유인하는데, 사용자가 웹사이트 링크가 포함된 문자메시지를 클릭하면 바이러스가 침투되어 범죄자가 휴대폰을 통제할 수 있게 된다.

① 파밍

② 피싱

③ 메모리 해킹

④ 보이스피싱

⑤ 스니핑

39. 정보의 기획은 정보를 효율적으로 활용하기 위한 첫 번째 단계이며, 주로 5W2H 원칙에 입각하여 이루어진다. 다음 A의 사례 속의 정보를 5W2H 원칙에 따라 분석해 본다고 할 때, 다음 중 분석 내용으로 가장 적절하지 않은 것은?

> ○○교통공사에 근무 중인 A는 상사로부터 ○○교통공사에서 시민들을 대상으로 진행할 행사 기획안을 제출하라는 업무를 받았다. A는 기획안 작성을 위해 필요한 정보에는 어떤 것들이 있는지 생각해보기로 하였다. 행사의 큰 콘셉트가 '어린이들과 함께 하는 체험 행사'이기 때문에 A는 어린이와 부모들이 선호할만한 체험 학습의 유형, 할애할 수 있는 시간과 지불할 수 있는 비용 등에 관한 정보가 필요함을 인지하였다. A는 이러한 정보를 기존에 진행하였던 행사들의 후기 설문 DB를 통해 알 수 있다고 판단하였으며, 추가로 필요한 정보는 설문을 통해 직접 조사하기로 하였다. 일정을 고려했을 때, 다음 주까지는 기획안을 제출해야 하므로 A는 이번 주까지 관련 정보를 수집하기로 하였다. 먼저 A는 DB를 확보하기 위해 DB를 관리하는 고객서비스 담당자 B에게 관련 자료를 요청하고, 설문지를 어떻게 개발하고 배포할지 고민하기로 하였다. A는 설문이 쉽지는 않겠지만, 그래도 DB가 있어 비용이 덜 들게 된 것이 좋다고 생각하였다.

① WHAT : 어린이와 부모들이 선호하는 체험 학습의 유형, 할애할 수 있는 시간, 지불할 수 있는 비용 등

② WHEN : 이번 주

③ WHY : 기획안을 제출해야 하기 때문에

④ WHO : B

⑤ HOW MUCH : 설문지 개발 및 배포 비용 등

40. 다음 중 새로운 기술을 습득하는 방법의 일종인 OJT(On the Job Training)에 대한 설명으로 적절하지 않은 것은?

① 직장 내에서 상사나 선배가 교육하는 훈련 방식 중 하나이다.

② OJT의 교육내용은 직접적으로 실무와 관련된 것이어야 한다.

③ 시간의 낭비가 적고 조직의 필요에 합치되는 교육훈련을 할 수 있다는 장점이 있다.

④ 지도자의 높은 자질이 요구되며 교육훈련 내용의 체계화가 어렵다는 등의 단점이 있다.

⑤ 비정기적으로 외부에서 시행되는 강습회나 강연회에 다 같이 참석하는 것도 해당된다.

41. 다음은 기술혁신의 과정과 핵심 인력이 수행하는 혁신 활동을 정리한 표이다. 빈칸에 들어갈 내용을 〈보기〉에서 골라 순서대로 바르게 나열한 것은?

기술혁신 과정	혁신 활동
아이디어 창안	• 아이디어 창출 및 가능성 검증 • 일을 수행하는 새로운 방법 고안 • (㉠)을/를 위한 탐색
(㉡)	• 아이디어 전파 • 혁신을 위한 자원 확보 • (㉢)을/를 위한 헌신
프로젝트 관리	• (㉣) • 프로젝트 기획 및 조직 • 프로젝트의 효과적인 진행 감독
(㉤)	• 조직 외부 정보를 내부 구성원들에게 전달 • 조직 내 정보원 기능
후원	• (㉥) • 불필요한 제약에서 프로젝트 보호 • 혁신에 대한 자원 획득을 지원

〈보기〉

가) 혁신에 대한 격려와 안내   나) 정보 수문장   다) 아이디어 실현
라) 챔피언   마) 혁신적인 진보   바) 리더십 발휘

	㉠	㉡	㉢	㉣	㉤	㉥
①	다)	나)	바)	마)	라)	가)
②	다)	라)	바)	가)	나)	마)
③	마)	나)	다)	바)	라)	가)
④	마)	라)	다)	바)	나)	가)
⑤	바)	나)	다)	가)	라)	마)

42. 다음 ㉠~㉢의 산업재해 사례를 보고 산업재해의 기본적 원인을 순서대로 바르게 나열한 것은?

> ㉠ 신규 지게차 운전기사의 운전 미숙으로 전복 사고가 났다.
> ㉡ 정지 버튼 고장으로 컨베이어벨트가 멈추지 않아 작업자가 다치는 사고가 났다.
> ㉢ 감독자가 면허가 없는 사람에게 위험물을 관리하게 하여 사고가 났다.

① 교육적 원인 – 기술적 원인 – 작업 관리상 원인
② 교육적 원인 – 작업 관리상 원인 – 기술적 원인
③ 기술적 원인 – 교육적 원인 – 작업 관리상 원인
④ 기술적 원인 – 작업 관리상 원인 – 교육적 원인
⑤ 작업 관리상 원인 – 교육적 원인 – 기술적 원인

43. 다음 중 지식재산권에 대해 잘못 이해하고 있는 사람을 모두 고르면?

> **정훈**: 산업 분야의 창작물과 관련된 산업재산권도 지식재산권에 포함되지.
> **세윤**: 맞아. 그리고 그 산업재산권에 특허권이나 실용신안권, 상표권, 디자인권 등이 포함돼.
> **종민**: 실용신안권? 그게 뭐야? 특허권은 발명한 사람이 자기가 발명한 기술을 독점적으로 사용할 수 있는 권리를 의미하는 것이라는 건 아는데.
> **원식**: 실용신안권은 특허보다 한 단계 낮은 산업재산권으로, 기술적 창작 수준이 소발명 정도인 실용적인 창작, 고안을 보호받을 수 있는 권리를 의미해.
> **선호**: 아! 맞다. 참고로 실용신안권은 등록 후 출원일로부터 보장 기간이 10년이라, 보장 기간이 20년인 특허권에 비해 상대적으로 존속기간이 짧아.

① 0명   ② 1명   ③ 2명   ④ 3명   ⑤ 4명

44. 다음은 A마트의 실적 개선을 위해 진행한 SWOT 분석의 결과이다. 분석 결과를 바탕으로 수립한 대응 전략으로 적절한 것은?

> SWOT 분석이란 기업 내부의 강점(Strength)과 약점(Weakness), 기업을 둘러싼 외부의 기회(Opportunity)와 위협(Threat)이라는 4가지 요소를 규정하고 이를 토대로 기업의 경영전략을 수립하는 기법이다. SO(강점 – 기회) 전략은 시장의 기회를 활용하기 위해 강점을 적극 활용하는 전략이고, WO(약점 – 기회) 전략은 약점을 보완하며 시장의 기회를 활용하는 전략이다. ST(강점 – 위협) 전략은 시장의 위협을 회피하기 위해 강점을 활용하는 전략이고, WT(약점 – 위협) 전략은 시장의 위협을 회피하고 약점을 최소화하는 전략이다.

내부환경 외부환경	강점(Strength)	약점(Weakness)
기회(Opportunity)	SO(강점 – 기회) 전략	WO(약점 – 기회) 전략
위협(Threat)	ST(강점 – 위협) 전략	WT(약점 – 위협) 전략

강점(Strength)	• 지역별로 다수의 점포 보유 • 신선식품의 생산·유통 등에 대한 뛰어난 관리 능력 • 식품 MD 등 풍부한 인적 자원 보유
약점(Weakness)	• PB 상품에 대한 소비자의 낮은 인지도 • 매출 부진 점포의 증가 • 신선식품 취급 수의 부족
기회(Opportunity)	• 모기업과 대형 운송업체와의 M&A • 온라인 식품 시장의 확대 • 가격보다 품질을 선호하는 고객 증가
위협(Threat)	• 영업시간 제한, 의무휴업일 등 정부의 유통업체 영업 규제 강화 • 대형 이커머스 업체의 오프라인 마트 인수로 인한 경쟁사의 증가 • 신선식품의 위생 문제가 빈번하게 발생하여 신선식품에 대한 고객의 신뢰도 하락

> ㉠ SO 전략: 취급하는 신선식품의 수를 늘리고 프리미엄 라인을 신설함으로써 품질 선호 고객의 니즈를 충족시킴
> ㉡ WO 전략: 신선식품의 생산·유통 과정을 투명하게 공개하여 소비자가 지닌 위생상 문제에 대한 불안감을 불식시킴
> ㉢ ST 전략: 식품 MD들을 활용해 식품군에 대한 다양한 제품 및 물량을 확보하고 온라인 식품 시장에 진출함
> ㉣ WT 전략: 대형 이커머스 업체에 대한 대응으로 PB 상품의 마케팅을 강화하여 인지도 및 가격경쟁력을 높임

① ㉠   ② ㉡   ③ ㉢   ④ ㉣   ⑤ 없음

45. 다음 중 인사부서에서 처리하는 업무에 해당하는 것을 모두 고르면?

| ㉠ 조직기구의 개편 및 조정 | ㉡ 결산 관련 업무 | ㉢ 직무 및 정원의 조정 종합 |
| ㉣ 거래처로부터의 불만 처리 | ㉤ 복리후생제도 및 지원업무 | ㉥ 제품의 애프터서비스 |

① ㉠, ㉡, ㉣
② ㉠, ㉢, ㉤
③ ㉠, ㉢, ㉥
④ ㉡, ㉢, ㉤
⑤ ㉣, ㉤, ㉥

46. 기업의 사회적 책임에 대한 설명으로 적절하지 않은 것은?

> 기업이 성장하여 사회적으로 큰 영향력을 가지는 역할을 맡게 됨에 따라 기업의 사회적 책임(Corporate Social Responsibility)이 강조되고 있다. 미국 조지아대의 아키 캐롤 교수는 이러한 기업의 사회적 책임을 네 가지 단계로 정리하였다. 1단계는 기업의 가장 기본적 책임인 경제적 책임으로, 사회의 가장 기본적인 경제 단위인 기업은 생산활동을 통해 이윤을 극대화하고 고용을 창출하는 등의 방식으로 사회에 기여해야 한다는 것이다. 2단계는 사회가 정한 법과 공정한 규칙 안에서 기업 경영이 이루어져야 한다는 법적 책임으로, 성실한 세금 납부, 회계의 투명성 등이 이에 속한다. 3단계는 윤리적 책임인데, 이것은 법적 책임의 범주에 속하지는 않지만 기업에는 사회의 일원으로서 모든 이해관계자의 기대에 부합하는 행동과 활동을 해야 할 책임이 있다는 것이다. 마지막 4단계는 기부나 나눔, 사회 공헌 활동 등과 같은 기업의 판단이나 선택에 맡겨져 자율적인 영역에 속하는 자선적 책임이다.

① 재화와 서비스를 생산하거나 판매하여 이윤을 창출하는 것은 기업의 근본적인 목적이지 사회적 책임의 범주에 속하는 것은 아니다.

② 기업은 네 가지 단계의 사회적 책임을 고루 달성함으로써 사회에 긍정적인 영향을 미치기 위해 노력해야 한다.

③ 우리나라에서는 자선적 책임이 강조되고 있지만, 기업은 실업이나 비정규직과 같은 사회적 문제 해결에도 책임감을 가져야 한다.

④ 기업이 친환경 기술 개발에 힘쓰는 것은 윤리적 책임에 해당한다.

⑤ 비슷한 개념으로 기업의 사회적 책임뿐만 아니라 기업의 일반적인 경영 활동을 통해 사회 문제를 해결하여 전체적인 가치를 창출해야 한다는 CSV(Creating Shared Value)가 있다.

47. 다음은 마이클 포터의 산업 구조 분석 모형(5 Forces model)이다. 이에 대한 설명으로 적절하지 않은 것은?

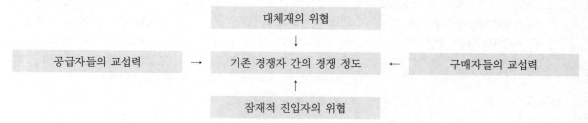

① 다섯 가지 경쟁 요인들의 힘이 강해질수록 경쟁이 심화되고 산업의 수익성은 낮아진다.

② 규모의 경제가 발생하며 초기 자본 투입량이 큰 산업일 경우 잠재적 진입자의 위협 정도가 낮아진다.

③ 구매자들의 교섭력은 구매자들이 가격에 대한 민감성이 크고 제품에 대한 정보량이 많을수록 더 강해진다.

④ 기존 기업들은 진입장벽을 낮춰 경쟁이 심화되는 것을 피하고 각 기업의 일정한 수익성을 보장하려 한다.

⑤ 대체품이 드물고 삶과 밀접한 관련이 있는 제품을 공급하는 공급자일수록 큰 교섭력을 지닌다.

48. 다음 중 직장에서의 전화 예절에 대해 바르게 이해하지 못한 사람은 총 몇 명인가?

> 지원: 고객에게 전화할 경우 본인이 직접 전화를 거는 것이 좋아. 비서나 다른 사람을 통해 전화한다면 고객으로 하여금 본인의 시간이 고객의 시간보다 더 중요하다는 느낌을 받게 할 수도 있어.
>
> 예진: 전화벨이 3~4번 울리기 전에 받아야 하고, 자신이 누구인지 소속이나 이름 등을 지체 없이 말해야 해. 특히, 대화를 진행할 때 상대방의 이름을 함께 사용하는 것도 잊으면 안 돼.
>
> 채은: 전화를 거는 시간은 중요한 전화 예절 중 하나야. 6시에 업무가 끝나는 사람에게 5시 55분에 전화한다면 제대로 통화가 가능하지 않을 수 있으니 정상적인 업무를 하는 근무 시간에 걸도록 하자.
>
> 가현: 전화 요청 메시지를 받았을 때 가능한 한 72시간 안에 답해주어야 해. 하루 이상 자리를 비우게 될 경우 대신 전화를 받아줄 사람이 없다면 자리를 비우게 되었다는 메시지를 남기는 것이 예의야.

① 0명　　　　　② 1명　　　　　③ 2명　　　　　④ 3명　　　　　⑤ 4명

49. 다음 근로기준법을 근거로 판단할 때, 직장 내 괴롭힘에 해당하는 사례를 모두 고르면?

> 제76조의2(직장 내 괴롭힘의 금지)
> 사용자 또는 근로자는 직장에서의 지위 또는 관계 등의 우위를 이용하여 업무상 적정 범위를 넘어 다른 근로자에게 신체적·정신적 고통을 주거나 근무 환경을 악화시키는 행위를 하여서는 아니 된다.

> 가) 팀장과의 면담에서 자신의 업무 능력이 부족하여 동료들이 함께 일하는 것을 꺼린다는 사실을 알게 된 甲은 업무 중에 동료들의 눈치를 보느라 정신적으로 스트레스를 받고 있다.
> 나) 이번 분기에 우수 사원으로 선정되어 많은 액수의 성과급을 지급받은 乙은 같은 팀 선배들에게 성과급의 절반은 선배를 위해 사용하는 것이 전통이라며 한턱내라는 압박을 며칠째 받고 있다.
> 다) 丙은 직속 선배의 사적인 연락이 부담스러워서 이를 정중히 거절한 이후로 평소에 하던 업무가 아닌 단순 허드렛일만 하게 되었다는 것을 인지하고 직속 선배에게 항의하자 예민하게 굴지 말라는 말을 들었다.
> 라) 丁은 출중한 업무 능력 덕분에 회사 대표의 총애를 받는 후임이 어느 날부터인가 자신의 업무 지시만 고의로 반복하여 누락하고, 주변 사람들에게 자신에 관해 험담하고 있다는 것을 알게 되었다.
> 마) 프로젝트 마감일을 맞추려면 추가 근무가 불가피한 상황에서 상사로부터 주말 출근을 지시받은 戊는 일주일 내내 휴일 없이 일하다가 몸살이 났다.

① 나)   ② 가), 다)   ③ 가), 마)   ④ 나), 다), 라)   ⑤ 나), 라), 마)

50. 다음 중 직업윤리에 어긋나는 행동을 하는 사람은 모두 몇 명인가?

> • 공기업 신입사원인 A씨는 큰돈을 벌어 하루라도 빨리 은퇴하기 위해 버는 돈 대부분을 주식에 투자하고, 업무 시간에도 틈틈이 주가지수를 확인한다.
> • 바리스타로 일하는 B씨는 항상 최고의 커피 맛을 유지하기 위해, 7일이 지난 원두는 모두 폐기한다는 본사 규칙을 지키고 있다.
> • 영업사원인 C씨는 회사 선배가 퇴근 후 만나서 술 한잔하자고 하였지만, 다음 날 업무 시간에 지장이 있을까 봐 정중히 거절했다.
> • 대기업 과장인 D씨는 회사 근처 백화점에서 타임세일을 한다는 소식에 업무를 보다가 몰래 백화점에 다녀왔다.
> • 공공기관 인사팀에서 일하는 E씨는 신입 채용 과정에서 면접관이 자신의 친인척인 지원자를 편애하여 평가했다는 것을 알게 되었지만, 모른 척 넘어갔다.

① 1명   ② 2명   ③ 3명   ④ 4명   ⑤ 5명

51. 다음 중 신석기 시대의 유물에 해당하지 않는 것은?

① 세형동검　　　　　　② 움집　　　　　　③ 빗살무늬 토기

④ 가락바퀴　　　　　　⑤ 갈돌과 갈판

52. 다음 중 고대국가에 대한 설명이 옳지 않은 것은?

① 부여 : 마가·우가·저가·구가가 사출도를 통치하였다.

② 고구려 : 서옥제라는 일종의 데릴사위제 풍습이 있었다.

③ 옥저 : 매년 12월에 영고라는 제천행사를 시행하였다.

④ 동예 : 다른 부족의 영역을 침범하면 노비나 소로 배상하였다.

⑤ 삼한 : 정치와 종교가 분리된 제정 분리 사회였다.

53. 다음 ㉠, ㉡에 해당하는 국가에 대한 설명으로 옳지 않은 것은?

> 호우명 그릇은 ㉠의 고분인 호우총에서 발굴된 청동 그릇이다. 호우명 그릇의 바닥 밑에 새겨져 있는 '을묘년국강상광개토지호태왕호우십'이라는 글씨는 당시 ㉠이 ㉡과 교류하고 있었음을 보여준다.

① ㉠ : 신분제도인 골품제에 따라 정치 활동이 제한되었다.

② ㉠ : 인재 양성을 위해 청소년 단체인 화랑도를 만들었다.

③ ㉡ : 칠지도를 통해 일본과도 교류했음을 알 수 있다.

④ ㉡ : 영락이라는 독자적 연호를 사용하였다.

⑤ ㉡ : 삼국 중 가장 먼저 중앙 집권 국가로 발전하였다.

54. 다음 중 삼국 시대 왕의 업적을 정리한 내용으로 옳지 않은 것은?

	왕	국가	업적
①	근초고왕	백제	마한 세력 정복, 황해도 진출
②	소수림왕	고구려	불교 공인, 태학 설립, 율령 반포
③	장수왕	고구려	평양 천도, 백제 한성 함락, 한강 유역 확보
④	지증왕	신라	국호를 '신라'로 변경, 수도와 지방의 행정구역 정리
⑤	의자왕	백제	22담로에 왕족 파견, 중국 남조의 양과 교류

55. 다음 빈칸에 들어갈 인물과 관련 있는 사건은?

> 풍수지리설은 신라 말, 도선이라는 승려에 의해 체계화된 사상으로 고려 시대에 이르러서는 민간에까지 널리 확산되었다. 그 영향으로 고려 인종 때, (   )이/가 풍수지리설에 따라 도읍을 옮겨 왕권을 강화할 것을 주장하였으며, 연호·황제 칭호의 사용 및 금 정벌을 제의하였다. (   )은/는 천도를 통한 정권 장악이 순조롭지 못하자 반란을 일으키기도 하였으나, 김부식을 중심으로 한 관군에 의해 진압되어 좌절하고 만다.

① 홍경래의 난　　　　　　② 이자겸의 난　　　　　　③ 망이·망소이의 난
④ 묘청의 난　　　　　　⑤ 이인좌의 난

56. 다음 중 세종대왕 집권 시기의 업적이 아닌 것은?

① 훈련도감 편성　　　　　② 훈민정음 창제　　　　　③ 측우기 개발
④ 4군 6진 개척　　　　　⑤ <농사직설> 편찬

57. 다음 지문에서 설명하는 인물은?

> 어릴 때부터 무술 실력이 뛰어났던 그는 의형제인 정년과 함께 당으로 건너가 군인이 되었다. 실력을 인정받아 당에서 출세하였지만, 신라인들이 당에 노예로 팔려 오는 것을 보고 충격을 받아 신라로 돌아간다. 그는 왕의 허락을 받아 청해(완도)에 진영을 설치하여 해적을 소탕하였고, 당과 일본 사이에서 중개무역을 하며 부호가 되었다. 이후 자신의 딸을 문성왕의 왕비로 만들려 했으나 진골 귀족들의 반대로 실패하고 귀족들이 보낸 자객에 의해 죽음을 맞이하였다.

① 계백　　　　　　　　　② 장보고　　　　　　　　　③ 최영
④ 김유신　　　　　　　　⑤ 곽재우

58. 다음 지문과 관련 있는 사건은?

> 고부 군수 조병갑의 횡포가 날로 심해지자 전봉준을 중심으로 한 농민들은 폐정의 시정을 요구하는 상소를 올렸다. 하지만 상소는 받아들여지지 않았고, 이에 분노한 농민들은 전봉준의 지휘 아래 사발통문을 돌리며 봉기하여 관아를 점령하였다. 새롭게 임명된 군수 박명원의 회유로 농민군은 해산하였지만, 후에 안핵사로 파견된 이용태가 봉기 관계자를 탄압하자 다시 봉기하였다.

① 을미의병　　　　　　　② 갑오개혁　　　　　　　　③ 임오군란
④ 갑신정변　　　　　　　⑤ 동학농민운동

59. 호는 매헌(梅軒)으로 3·1 운동을 계기로 애국 운동을 벌이다가 1930년에 상하이로 이동하여 한인 애국단에 가입하였으며, 1932년 일본의 전승 축하 기념식장에서 폭탄을 던진 뒤 일본 경찰에 붙잡혀 순국한 독립운동가는?

① 이봉창　　　　　　　　② 신채호　　　　　　　　　③ 안창호
④ 윤봉길　　　　　　　　⑤ 김구

60. 다음 제시된 역대 대한민국 대통령을 재임 순서에 따라 바르게 나열한 것은?

| ㉠ 윤보선 | ㉡ 노태우 | ㉢ 이승만 | ㉣ 최규하 | ㉤ 김영삼 |

① ㉠ – ㉢ – ㉤ – ㉡ – ㉣
② ㉠ – ㉣ – ㉢ – ㉤ – ㉡
③ ㉢ – ㉠ – ㉣ – ㉡ – ㉤
④ ㉢ – ㉡ – ㉠ – ㉣ – ㉤
⑤ ㉢ – ㉣ – ㉠ – ㉤ – ㉡

61. 다음 중 한자가 다른 '수'는?

① 의견을 수렴하여 결정을 내렸다.
② 나의 취미는 우표 수집이다.
③ 오늘은 분리수거를 하는 날이다.
④ 연차가 쌓이니 수입도 늘었다.
⑤ 그 사고를 수습할 본부를 만들었다.

62. 다음 중 표준어가 아닌 것은?

① 이쁘다   ② 찰지다   ③ 푸르르다
④ 부시시하다   ⑤ 뾰로통하다

63. 다음 중 발음이 잘못 연결된 것은?

① 밝혀 – [발켜]   ② 숱하다 – [숟타다]   ③ 끓습니다 – [끈씁니다]
④ 닿도록 – [다토록]   ⑤ 맑다 – [막따]

64. 다음 중 밑줄 친 부분과 관련된 한자성어는?

> 기업은 우리 사회에서 경제를 구성하는 기본적인 단위이며 이윤을 획득하는 것을 목적으로 하는 조직이다. 그렇기 때문에 우리는 종종 기업의 경영자들이 공공의 이익보다는 자신들의 이윤을 극대화하는 데만 치중하는 모습을 발견하게 된다. 하지만 기업의 규모가 크든 작든 간에 기업의 이윤 추구에만 혈안이 되어 기업을 경영해서는 안 된다. 기업은 사회의 일원으로 사회에 많은 영향을 미치기 때문이다. 따라서 물질 만능주의가 팽배한 오늘날 총수들은 기업이 존속해나갈 수 있도록 이윤을 창출함과 동시에 기업윤리와 사회적 책임을 다하여 사회적인 윤리 시스템을 구축해나가는 데 일조해야 할 필요가 있다.

① 방약무인(傍若無人)　　　　② 감탄고토(甘吞苦吐)　　　　③ 사리사욕(私利私慾)

④ 표리부동(表裏不同)　　　　⑤ 구밀복검(口蜜腹劍)

65. 다음 중 맞춤법에 맞는 것은?

① 자리세　　　　　　　　　② 머릿말　　　　　　　　　③ 나뭇잎

④ 양치물　　　　　　　　　⑤ 선지국

66. 다음 중 고유어의 뜻풀이가 잘못된 것은?

① 가멸다 : 재산이나 자원 따위가 넉넉하고 많다

② 을씨년스럽다 : 보기에 날씨나 분위기 따위가 몹시 스산하고 쓸쓸한 데가 있다

③ 마뜩하다 : 제법 마음에 들 만하다

④ 생때같다 : 아무 탈 없이 멀쩡하다

⑤ 시망스럽다 : 하는 행동이나 말이 상황에 맞지 아니하고 엉뚱하다

67. 코어 운동 가운데 가장 기본적인 동작으로, 엎드린 상태에서 몸을 어깨부터 발목까지 일직선이 되게 하여 버티면서 신체의 중심 근육 전체를 수축시켜 척추 주변 근육을 발달시켜주는 동작은?

① 푸시업　　　　　　　　　② 플랭크　　　　　　　　　③ 런지

④ 스쿼트　　　　　　　　　⑤ 크런치

68. 2019년 12월에 시작된 뒤 전 세계로 확산된 급성 호흡기 감염질환인 코로나19로 인해 일상에 큰 변화가 닥치면서 시민들이 우울감이나 무기력증을 겪는 현상을 이르는 용어는?

① 코로나 블루　　　　　② 코로나 레드　　　　　③ 코로나 옐로
④ 코로나 블랙　　　　　⑤ 코로나 그레이

69. 제시된 용어들과 관련 있는 스포츠는?

| • 피프틴(Fifteen) | • 러브게임(Love game) | • 타이브레이크(Tie break) |

① 사격　　　　　　　　② 탁구　　　　　　　　③ 배드민턴
④ 테니스　　　　　　　⑤ 양궁

70. 현실 세계에 3차원의 가상 물체를 겹쳐서 보여주는 기술을 이용해 만들어내는 복합형 가상현실을 이르는 용어는?

① AI　　　　　　　　　② VR　　　　　　　　　③ AR
④ QR Code　　　　　　⑤ Hologram

71. 다음 중 직접세에 해당하지 않는 것은?

① 소비세　　　　　　　② 상속세　　　　　　　③ 법인세
④ 재산세　　　　　　　⑤ 소득세

72. 1941년에 설립되어, 민주주의 확산을 도모하고 국제 언론 감시 활동을 하고 있는 미국의 비영리 인권 단체는?

① MSF   ② 그린피스   ③ 프리덤 하우스

④ 국제앰네스티   ⑤ 유니세프

73. 다음 중 음악가와 대표 오페라 작품이 잘못 연결된 것은?

① 주세페 베르디 – <라 트라비아타>

② 자코모 푸치니 – <투란도트>

③ 조르주 비제 – <카르멘>

④ 샤를 구노 – <아이다>

⑤ 볼프강 모차르트 – <마술피리>

74. 의회에서 소수파가 다수파의 독주를 저지하기 위해 합법적인 수단을 동원하여 고의적으로 의사 진행을 방해하는 행위는?

① 오픈 프라이머리   ② 레퍼렌덤   ③ 캐스팅 보트

④ 필리버스터   ⑤ 패스트트랙

75. 다음 중 국가와 수도가 잘못 연결된 것은?

① 몽골 – 울란바토르

② 독일 – 베를린

③ 체코 – 키예프

④ 리비아 – 트리폴리

⑤ 네팔 – 카트만두

76. 가계의 총소득에서 주거비가 차지하는 비율로, 소득 수준이 증가할수록 주거비는 커지지만 총소득 대비 주거비가 차지하는 비중은 감소한다는 법칙과 관련 있는 지표는?

① 로렌츠곡선　　　　　② 슈바베지수　　　　　③ 빅맥지수
④ 지니계수　　　　　　⑤ 에인절계수

77. 주식시장에 상장된 기업이 분기별 또는 반기별로 실적을 발표할 때 시장의 예상치를 뛰어넘는 높은 실적을 발표하는 것을 이르는 용어는?

① 어닝서프라이즈　　　② 어닝쇼크　　　　　　③ 사이드카
④ 서킷브레이커　　　　⑤ 턴어라운드

78. 다음 중 작가와 작품이 잘못 연결된 것은?

① 김유정 - <동백꽃>
② 이효석 - <메밀꽃 필 무렵>
③ 김동인 - <오발탄>
④ 현진건 - <운수 좋은 날>
⑤ 박경리 - <토지>

79. 다음 지문과 관련 있는 것은?

> 뜨거운 난로 위에서의 1분은 1시간처럼 길게 느껴지지만, 좋아하는 사람과 함께 있는 1시간은 1분처럼 짧게 느껴진다.

① 불확정성 원리
② 상대성 이론
③ 에너지 보존 법칙
④ 터널 효과
⑤ 관성의 법칙

80. 범죄, 성적 추문 등 독자의 관심을 유도하는 선정적인 사건을 위주로 취재하여 보도하는 저널리즘은?

① 팩 저널리즘

② 옐로 저널리즘

③ 뉴 저널리즘

④ 블랙 저널리즘

⑤ 경마 저널리즘

81. 투수와 관련 있는 야구 용어에 해당하지 않는 것은?

① 도루　　　　　　② 보크　　　　　　③ 위닝샷

④ 세트포지션　　　⑤ 퀄리티 스타트

82. 다음 중 올림픽 정식 종목의 하나인 근대 5종 경기에 해당하지 않는 것은?

① 펜싱　　　　　　② 멀리뛰기　　　　③ 수영

④ 승마　　　　　　⑤ 육상

83. 미국에서 가장 권위 있는 음악 시상식이자, 우리나라 방탄소년단이 한국 가수 최초로 무대에 서서 화제가 된 시상식의 이름은?

① 그래미상 시상식

② 오스카상 시상식

③ 에미상 시상식

④ 토니상 시상식

⑤ 골든글로브상 시상식

84. 다음 지문의 내용과 관련 있는 것은?

> 기획팀의 A 대리는 몇 달 동안이나 신제품 개발 프로젝트에 매달려 있었다. 그는 자신의 업무에 열정적으로 임하며 야근이나 주말 근무도 마다하지 않았는데, 어느 날부터인지 업무 스트레스로 인해 사소한 일들에 짜증이 나고 그냥 넘어갈 수도 있는 일에 화를 내게 되었다. 게다가 그토록 몰두해왔던 자신의 업무가 더 이상 즐겁지도 보람되지도 않게 느껴졌으며, 매사에 무기력해져 모든 걸 그만두고 어디론가 떠나고만 싶어졌다.

① 번 아웃 증후군
② 369 증후군
③ 파랑새 증후군
④ 샌드위치 증후군
⑤ 스마일 마스크 증후군

85. 기자나 편집자와 같은 결정권자가 뉴스나 정보를 보도하기 전에 뉴스를 취사선택하는 것은?

① 엠바고   ② 오프 더 레코드   ③ 게이트 키핑
④ 스쿠프   ⑤ 아젠다 세팅

86. 다음 중 사회계약설의 주요 사상가들에 대한 설명으로 적절하지 않은 것은?

① 홉스는 자연 상태를 만인의 만인에 대한 투쟁상태로 보았다.
② 로크는 자연 상태가 평화롭고 평등한 상태이지만, 투쟁 가능성이 있다고 보았다.
③ 홉스는 <리바이어던>을 저술하여 강력한 군주의 필요성을 주장하였다.
④ 로크는 직접민주제를 시행해야 한다고 생각하였다.
⑤ 루소는 인간은 선한 존재이며, 국가는 인간의 일반 의지에 의해 이루어져야 한다고 보았다.

87. 다음 중 빈센트 반 고흐의 작품이 아닌 것은?

① <별이 빛나는 밤>

② <피리 부는 소년>

③ <감자 먹는 사람들>

④ <까마귀가 있는 밀밭>

⑤ <꽃 피는 아몬드 나무>

88. 신재생 에너지의 활용도 증대 및 전기자동차 상용화를 위한 인프라 확충 등에 필요한 핵심 기술로, 기존의 전력망에 IT를 접목해 전력 공급자와 소비자가 양방향으로 실시간 정보를 교환할 수 있도록 함으로써 에너지 효율을 최적화하는 '지능형 전력망'을 이르는 용어는?

① 에너지 하베스팅   ② 스마트 그리드   ③ 리튬 폴리머

④ 그리드 패리티   ⑤ AMI

89. 다음 지문과 관련 있는 것은?

> 최근 스마트폰 중독으로 인한 문제를 겪는 연령대가 점차 낮아지고 있는 것으로 나타났다. 문제는 스마트 기기를 통해 자극적인 매체에 지속해서 노출되면, 뇌가 일상적이고 평범한 현실에는 무감각해지고 빠르고 톡톡 튀어오르는 강한 자극에만 반응하게 된다는 것이다. 이는 어린이와 청소년의 신체 발달에는 물론 정신적인 측면에도 악영향을 줄 수 있어 문제가 된다.

① 디지털 치매

② 노모포비아

③ 팝콘 브레인

④ 디지털 격리 증후군

⑤ 닌텐도 증후군

90. 다음 중 지칭하는 대상이 다른 하나를 고르면?

① 개골산　　　　② 풍악산　　　　③ 금강산
④ 봉래산　　　　⑤ 송악산

91. 다음 중 춘추·전국 시대의 대표적인 인물이 아닌 사람은?

① 순자　　　　② 사마천　　　　③ 공자
④ 맹자　　　　⑤ 한비자

92. 30대 후반이나 늦어도 40대 초반에는 경제적으로 자립해 조기 은퇴하겠다는 목표로, 생산활동을 시작해 20대부터 소비를 극단적으로 줄여 은퇴자금을 마련하는 사람을 이르는 용어는?

① 니트족　　　　② 프리터족　　　　③ 딩크족
④ 욜로족　　　　⑤ 파이어족

93. 적대적 M&A의 공격 전략 중 하나로, 매수자가 사전 예고 없이 회사의 매수가격 및 조건을 포함한 매수 제의 편지를 보내 현 경영진이 반대하기 어렵게 만드는 전략을 이르는 용어는?

① 곰의 포옹　　　　② 흑기사　　　　③ 황금 낙하산
④ 토요일 밤 특별작전　　　　⑤ 포이즌 필

94. 다음 중 G20에 해당하지 않는 국가는?

① 러시아   ② 일본   ③ 아르헨티나

④ 미국   ⑤ 벨기에

95. 다음 중 집단 속에 참여하는 사람의 수가 늘어날수록 집단의 성과에 대한 개인별 공헌도는 오히려 낮아지게 되는 현상을 이르는 용어는?

① 노세보 효과   ② 피그말리온 효과   ③ 낭떠러지 효과

④ 링겔만 효과   ⑤ 앵커링 효과

96. 다음 중 우리나라의 공소시효에 대한 설명으로 옳지 않은 것은?

① 처벌을 피하기 위해 범인이 해외로 도피한 경우 그 기간만큼 공소시효는 정지된다.

② 살인죄로 사형에 해당하는 범죄는 형사소송법상 공소시효가 25년이다.

③ 공소시효는 범인이 도피 생활로 인해 받는 정신적 고통도 고려한 제도이다.

④ 공소시효의 기간은 범인이 저지른 범죄의 경중에 따라 차이가 존재한다.

⑤ 피의자가 사망하면 공소시효가 완성된 것으로 보고, 수사나 기소를 할 수 없다.

97. 다음 중 국민의 기본권에 해당하지 않는 것은?

① 자유권   ② 평등권   ③ 청구권

④ 사회권   ⑤ 납세권

98. 다음 중 현대 미술 사조와 대표적인 작가가 잘못 연결된 것은?

① 입체주의 – 파블로 피카소

② 초현실주의 – 살바도르 달리

③ 상징주의 – 조르주 쇠라

④ 비디오아트 – 백남준

⑤ 액션페인팅 – 잭슨 폴록

99. 다음 지문과 관련 없는 것은?

> 이 섬은 과거 우산국(于山國)이라 불리었으며, 1915년에 현재의 이름으로 바뀌어 경상북도에 편입되었다. 섬 전체가 하나의 화산체이기 때문에 평지가 거의 없으며, 해안 대부분이 절벽으로 이루어져 있다. 온화한 해양성 기후가 나타나고 특히 겨울에 눈이 많이 내리는 이 섬의 주민들은 대부분 어업에 종사하고 있으며, 최근에는 관광 산업의 비중 또한 증가하고 있다.

① 나리분지　　　　② 삼봉도　　　　③ 대풍감

④ 삼무오다　　　　⑤ 우데기

100. 건조한 계절에는 황량한 불모지가 되고 강우 계절에는 푸른 들판으로 변하는 러시아와 아시아의 중위도에 위치한 온대 초원 지대를 이르는 용어는?

① 타이가　　　　② 몬순　　　　③ 툰드라

④ 사바나　　　　⑤ 스텝

정답·해설 p.2

부산교통공사 실전모의고사 1회

해커스공기업

수험번호

0 1 2 3 4 5 6 7 8 9
0 1 2 3 4 5 6 7 8 9
0 1 2 3 4 5 6 7 8 9
0 1 2 3 4 5 6 7 8 9
0 1 2 3 4 5 6 7 8 9
0 1 2 3 4 5 6 7 8 9
0 1 2

응시자

감독관 확인

번호	답란					번호	답란					번호	답란					번호	답란					번호	답란				
1	①	②	③	④	⑤	21	①	②	③	④	⑤	41	①	②	③	④	⑤	61	①	②	③	④	⑤	81	①	②	③	④	⑤
2	①	②	③	④	⑤	22	①	②	③	④	⑤	42	①	②	③	④	⑤	62	①	②	③	④	⑤	82	①	②	③	④	⑤
3	①	②	③	④	⑤	23	①	②	③	④	⑤	43	①	②	③	④	⑤	63	①	②	③	④	⑤	83	①	②	③	④	⑤
4	①	②	③	④	⑤	24	①	②	③	④	⑤	44	①	②	③	④	⑤	64	①	②	③	④	⑤	84	①	②	③	④	⑤
5	①	②	③	④	⑤	25	①	②	③	④	⑤	45	①	②	③	④	⑤	65	①	②	③	④	⑤	85	①	②	③	④	⑤
6	①	②	③	④	⑤	26	①	②	③	④	⑤	46	①	②	③	④	⑤	66	①	②	③	④	⑤	86	①	②	③	④	⑤
7	①	②	③	④	⑤	27	①	②	③	④	⑤	47	①	②	③	④	⑤	67	①	②	③	④	⑤	87	①	②	③	④	⑤
8	①	②	③	④	⑤	28	①	②	③	④	⑤	48	①	②	③	④	⑤	68	①	②	③	④	⑤	88	①	②	③	④	⑤
9	①	②	③	④	⑤	29	①	②	③	④	⑤	49	①	②	③	④	⑤	69	①	②	③	④	⑤	89	①	②	③	④	⑤
10	①	②	③	④	⑤	30	①	②	③	④	⑤	50	①	②	③	④	⑤	70	①	②	③	④	⑤	90	①	②	③	④	⑤
11	①	②	③	④	⑤	31	①	②	③	④	⑤	51	①	②	③	④	⑤	71	①	②	③	④	⑤	91	①	②	③	④	⑤
12	①	②	③	④	⑤	32	①	②	③	④	⑤	52	①	②	③	④	⑤	72	①	②	③	④	⑤	92	①	②	③	④	⑤
13	①	②	③	④	⑤	33	①	②	③	④	⑤	53	①	②	③	④	⑤	73	①	②	③	④	⑤	93	①	②	③	④	⑤
14	①	②	③	④	⑤	34	①	②	③	④	⑤	54	①	②	③	④	⑤	74	①	②	③	④	⑤	94	①	②	③	④	⑤
15	①	②	③	④	⑤	35	①	②	③	④	⑤	55	①	②	③	④	⑤	75	①	②	③	④	⑤	95	①	②	③	④	⑤
16	①	②	③	④	⑤	36	①	②	③	④	⑤	56	①	②	③	④	⑤	76	①	②	③	④	⑤	96	①	②	③	④	⑤
17	①	②	③	④	⑤	37	①	②	③	④	⑤	57	①	②	③	④	⑤	77	①	②	③	④	⑤	97	①	②	③	④	⑤
18	①	②	③	④	⑤	38	①	②	③	④	⑤	58	①	②	③	④	⑤	78	①	②	③	④	⑤	98	①	②	③	④	⑤
19	①	②	③	④	⑤	39	①	②	③	④	⑤	59	①	②	③	④	⑤	79	①	②	③	④	⑤	99	①	②	③	④	⑤
20	①	②	③	④	⑤	40	①	②	③	④	⑤	60	①	②	③	④	⑤	80	①	②	③	④	⑤	100	①	②	③	④	⑤

해커스 NCS
부산교통공사
봉투모의고사

부산교통공사
실전모의고사
2회

해커스공기업

부산교통공사 실전모의고사
2회
(직업기초능력평가 + 일반상식)

시작과 종료 시각을 정한 후, 실전처럼 모의고사를 풀어보세요.

____시 ____분 ~ ____시 ____분 (총 100문항/120분)

□ **시험 유의사항**

[1] 본 실전모의고사는 운영직 필기시험을 기준으로 구성되어, 직업기초능력 10개 영역으로 이루어진 NCS 50문항과 일반상식 50문항을 포함하고 있습니다.

[2] 마지막 페이지에 있는 OMR 답안지와 해커스잡 애플리케이션의 모바일 타이머를 이용하여 실전처럼 모의고사를 풀어본 후, 해설지 뒤에 있는 '부산교통공사 모의고사 온라인 성적 분석 서비스 이용권'을 사용하여 응시 인원 대비 본인의 성적 위치를 확인해보시기 바랍니다.

01. 다음 중 ㉠~㉠에 대한 설명으로 적절하지 않은 것은?

제16조(운전교육훈련)

① 운전면허를 받으려는 사람은 철도차량의 안전한 ㉠ 운행을 위하여 국토교통부장관이 실시하는 운전에 필요한 지식과 능력을 ㉡ 습득할 수 있는 교육훈련(이하 "운전교육훈련"이라 한다)을 받아야 한다.

② 운전교육훈련의 기간, 방법 등에 관하여 필요한 사항은 국토교통부령으로 정한다.

③ 국토교통부장관은 철도차량 운전에 관한 전문 교육훈련기관(이하 "운전교육훈련기관"이라 한다)을 지정하여 운전교육훈련을 ㉢ 실시하게 할 수 있다.

④ 운전교육훈련기관의 지정 ㉣ 기준, 지정절차 등에 관하여 필요한 사항은 대통령령으로 정한다.

⑤ 운전교육훈련기관의 지정취소 및 업무정지 등에 관하여는 제15조 제6항 및 제15조의2를 ㉤ 준용한다. 이 경우 "운전적성 검사기관"은 "운전교육훈련기관"으로, "운전적성검사 업무"는 "운전교육훈련 업무"로, "제15조 제5항"은 "제16조 제4항"으로, "운전적성검사 판정서"는 "운전교육훈련 ㉥ 수료증"으로 본다.

제17조(운전면허시험)

① 운전면허를 받으려는 사람은 국토교통부장관이 실시하는 철도차량 운전 면허시험(이하 "운전면허시험"이라 한다)에 합격하여야 한다.

② 운전면허시험에 ㉦ 응시하려는 사람은 제12조에 따른 신체검사 및 운전적성검사에 합격한 후 운전교육훈련을 받아야 한다.

③ 운전면허시험의 과목, 절차 등에 관하여 필요한 사항은 국토교통부령으로 정한다.

---

① ㉠의 올바른 한자 표기는 '運行'이다.

② ㉡과 '紛失'은/는 반대 관계에 있는 단어이다.

③ ㉢과 ㉦의 '시'는 모두 '時'를 사용한다.

④ ㉣과 ㉤은 모두 '표준'이라는 의미를 포함한다.

⑤ ㉥과 '履修'은/는 유의 관계에 있는 단어이다.

02. 다음 대화문의 ⊙~⊕에 대한 설명으로 가장 적절하지 않은 것은?

> 김 대리: 우리 대학생들 대상으로 진행하는 워크숍이 얼마 남지 않았는데, 회사 대표로 사회를 맡은 만큼 철저히 준비해야 할 것 같습니다.
>
> 이 대리: ⊙ 아무래도 그렇겠죠? 그럼 우리 토요일에 잠깐 나와서 연습할까요? 주중에는 제가 회의랑 외근이 계속 있거든요.
>
> 김 대리: ⊙ (난감한 표정을 지으며) 안 될 것 같습니다. 제가 이번 주 토요일에는 개인적인 용무가 있어서요. 행사 준비는 가급적 주중에 했으면 했는데, 서로 시간이 안 맞네요.
>
> 이 대리: 아, 맞춰보기는 해야 하는데….
>
> 김 대리: 시간을 맞출 방법이 없을까요?
>
> 이 대리: 목요일과 금요일에 맞춰보는 건 어떨까요? 김 대리님이 바쁘다고 하니까 제가 주중 회의 시간이랑 외근 일정을 조정해 보겠습니다. 저는 목요일 오후, 금요일 오후에 시간 낼 수 있을 것 같은데, 김 대리님도 시간을 좀 조정해 보시죠.
>
> 김 대리: 제가 외부에 배포할 브로슈어 제작 업무를 해야 하는데, 이 업무가 끝나야 워크숍 준비를 할 수 있을 것 같은데요.
>
> 이 대리: 목요일 오전에는 마무리하실 수 있을 것 같으세요?
>
> 김 대리: 그런데, 처음 해보는 일이라 빨리 끝낼 수 있을지 모르겠습니다. 경험자가 도와주면 빨리할 수 있을 것 같은데. ⓒ 이 대리님은 경험이 많고, 잘하시잖아요. 혹시….
>
> 이 대리: 네? 왜 그러세요?
>
> 김 대리: ⓔ 혹시 시간이 괜찮다면 브로슈어 제작 좀 도와주실 수 있을까요? 바쁘시면 다른 분께 도움 요청 드리고요.
>
> 이 대리: 목요일 오전 중으로 완료하면 오후에는 사회 연습을 할 수 있다는 말씀이시죠? 알겠습니다. 제가 도와드릴게요.
>
> 김 대리: 그럼 목요일, 금요일 오후에 행사 준비하도록 해요.
>
> 이 대리: 네, 좋습니다.
>
> 김 대리: 그럼 어디에서 할까요? 아무래도 실전처럼 해봐야 당일에 돌발상황이 생겨도 당황하지 않겠죠? 워크숍이 진행될 강당에서 하는 것은 어떨까요?
>
> 이 대리: ⊕ 행사 장소에서 실제로 사회를 보듯 연습해보자는 말씀이시군요. 물론 그런 연습이 필요하긴 하지만, 저희는 대사를 제대로 맞춰보지 않았으니, 차분히 대본을 읽어보면서 감을 익히는 것이 어떨까요?
>
> 김 대리: 네, 알겠습니다. 그럼 목요일 오후에 회의실 예약해두겠습니다.

① ⊙ : 질문 형식을 통해 자신이 상대방의 뜻에 동의했음을 표현하고 있다.

② ⊙ : 언어적 표현과 일치하는 비언어적 표현을 사용하여 자신의 의사를 더 효과적으로 전달하고 있다.

③ ⓒ : 상대방의 능력을 높이 평가함으로써 도움을 얻고자 하는 의도를 드러내고 있다.

④ ⓔ : 감정에 호소하며 상대방의 무조건적인 양보를 요구하고 있다.

⑤ ⊕ : 상대방의 말을 재진술함으로써 그 의도를 이해했음을 나타내고 있다.

03. ☆☆공단의 시설관리 본부에서 근무하는 귀하는 주간 회의 시간에 다음과 같은 사내 공지를 팀원들과 공유하여 관련 업무나 참고사항을 숙지하기로 하였다. 다음을 읽고 난 후의 반응이 적절하지 않은 사람을 모두 고르면?

공공환경시설 악취 개선 사례집 관련 공지

▌배경
 – 시설별 악취 기술을 진단한 사례를 공유하여 공공환경시설의 효율적인 악취 관리 방안을 마련하기 위함
 – 공유된 악취관리 사례를 바탕으로 관련 업무의 매뉴얼을 정립하기 위함

▌요청사항
 – 붙임을 참고하여 악취 관리 관련 업무 진행 부탁드립니다.
 – 시설관리 본부의 각 팀은 붙임을 참고하여 관련 업무 매뉴얼을 작성 부탁드립니다.

▌공공환경시설 악취 개선 사례집 주요 내용
 – 대상: 지난 3년간의 악취 기술 진단을 완료한 공공환경시설
 – 내용
  ① 공공환경시설의 처리공정별 악취 발생 현황
  ② 발생 원인별 측정범위 세분화와 자료 분석
  ③ 각 공공환경시설의 주요 문제점과 개선방안 마련

▌공공환경시설 악취 개선 사례집 활용 방안
 – 배포 대상: 자사 직원, 지자체 담당자, 환경 관련 학회 및 유관기관 등
 – 배포 방식: 자사 홈페이지에서 누구나 열람 가능한 게시판에 배포함
 – 기대효과
  ① 악취 개선 사례를 토대로 한 체계적이고 효율적인 악취 관리 수행
  ② 악취 방지시설 담당자의 기술 능력 증진과 이를 통한 고객만족도 제고

▌붙임
 – 3개년도 공공환경시설 악취 관리 사례집

권 과장: 이번에 공유된 사례집에는 공공환경시설의 처리공정별 악취 발생 현황뿐만 아니라 세분화된 발생 원인별 측정범위가 포함되어 있으니 참고하여 매뉴얼을 작성하면 되겠군요.

김 대리: 그런데 현재 악취 기술 진단이 진행 중인 공공환경시설도 사례집에 포함되어 있어 진단이 완료된 이후에 다시 사례들을 검토해봐야 할 것 같아요.

정 주임: 앞으로 공공환경시설 관련 담당자가 사례를 참고하여 악취를 효율적으로 개선한다면 고객들의 만족도가 높아질 것으로 기대되네요.

윤 사원: 맞아요. 그런데 관련 학회나 유관기관, 지자체 담당자뿐만 아니라 일반 시민이나 업체에서도 악취 관리 사례집을 열람할 수 있으면 좋을 것 같은데 그 부분이 아쉽네요.

① 권 과장   ② 윤 사원   ③ 권 과장, 정 주임

④ 김 대리, 윤 사원   ⑤ 김 대리, 정 주임, 윤 사원

04. 다음 주택임대차보호법을 근거로 판단할 때, 가장 적절하지 않은 것은?

제4조(임대차기간 등)

① 기간을 정하지 아니하거나 2년 미만으로 정한 임대차는 그 기간을 2년으로 본다. 다만, 임차인은 2년 미만으로 정한 기간이 유효함을 주장할 수 있다.

② 임대차기간이 끝난 경우에도 임차인이 보증금을 반환받을 때까지는 임대차관계가 존속되는 것으로 본다.

제6조(계약의 갱신)

① 임대인이 임대차기간이 끝나기 6개월 전부터 1개월 전까지의 기간에 임차인에게 갱신거절(更新拒絕)의 통지를 하지 아니하거나 계약조건을 변경하지 아니하면 갱신하지 아니한다는 뜻의 통지를 하지 아니한 경우에는 그 기간이 끝난 때에 전 임대차와 동일한 조건으로 다시 임대차한 것으로 본다. 임차인이 임대차기간이 끝나기 1개월 전까지 통지하지 아니한 경우에도 또한 같다.

② 제1항의 경우 임대차의 존속기간은 2년으로 본다.

③ 2기(期)의 차임액(借賃額)에 달하도록 연체하거나 그 밖에 임차인으로서의 의무를 현저히 위반한 임차인에 대하여는 제1항을 적용하지 아니한다.

제6조의2(묵시적 갱신의 경우 계약의 해지)

① 제6조 제1항에 따라 계약이 갱신된 경우 같은 조 제2항에도 불구하고 임차인은 언제든지 임대인에게 계약해지(契約解止)를 통지할 수 있다.

② 제1항에 따른 해지는 임대인이 그 통지를 받은 날부터 3개월이 지나면 그 효력이 발생한다.

제9조(주택 임차권의 승계)

① 임차인이 상속인 없이 사망한 경우에는 그 주택에서 가정공동생활을 하던 사실상의 혼인 관계에 있는 자가 임차인의 권리와 의무를 승계한다.

② 임차인이 사망한 때에 사망 당시 상속인이 그 주택에서 가정공동생활을 하고 있지 아니한 경우에는 그 주택에서 가정공동생활을 하던 사실상의 혼인 관계에 있는 자와 2촌 이내의 친족이 공동으로 임차인의 권리와 의무를 승계한다.

③ 제1항과 제2항의 경우에 임차인이 사망한 후 1개월 이내에 임대인에게 제1항과 제2항에 따른 승계 대상자가 반대의사를 표시한 경우에는 그러하지 아니하다.

④ 제1항과 제2항의 경우에 임대차 관계에서 생긴 채권·채무는 임차인의 권리의무를 승계한 자에게 귀속된다.

---

① 사망한 임차인에게 상속인이 있다고 하더라도 해당 주택에서 가정공동생활을 하지 않았다면 사실혼의 배우자와 2촌 이내의 친족에게 임차인의 권리뿐만 아니라 의무까지 공동으로 승계한다.

② 묵시적 갱신이 되었다고 해도 임차인은 언제든지 이를 번복하여 계약해지를 통보할 수 있으며, 계약해지는 임대인이 통보를 받은 날로부터 3개월 후에 효력이 발생한다.

③ 처음 임대차 계약 당시 임대기간을 2년 미만으로 정해 놓았다고 하더라도 다른 조건이 없는 한 임차인은 2년까지 거주할 수 있으며, 임대인은 이를 거절할 수 없다.

④ 임대인이 계약기간이 끝나기 6개월 전에서 1개월 전까지의 기간에 계약연장 거절이나 계약조건 변경 등의 의사를 전달하지 않는다면 기존 임대차 계약과 동일한 조건으로 재계약한 것으로 보며, 이는 임차인도 동일하다.

⑤ 임차인의 사망 후 한 달 내로 승계 대상자가 임대인에게 임차권 승계 거부 의사를 전달한다면 임차인의 권리와 의무는 승계되지 않는다.

05. 다음은 ○○교통공사 광고팀에 재직 중인 귀하가 팀장의 지시로 작성한 공문서 초안이다. 공문서 작성 방법에 따라 문서를 보완하고자 할 때, 가장 적절하지 않은 것은?

시민을 위한 행복 도시 철도
○○교통공사

수신자 ○○교통공사 광고심의위원회 위원장
(경유)
제목 20XX년 제5회 광고심의위원회 개최 요청

---

1. ○○교통공사 광고관리규정 제XX조, 제XX조와 관련된 사항입니다.
2. 광고심의위원회 안건에 관하여 다음과 같이 광고심의위원회를 통해 서면으로 검토하고자 합니다.
　가. 심의 안건 : 의견 광고 도안 심의 2건
　나. 심의 방법 : 서면 심의
　다. 심의일 : 09. 23.
　라. 심의 요구서 및 심의 내역서 : 붙임 참조

붙임 1. 20XX년 제5회 광고 심의 요구서 1부.
　　 2. 내역서 1부.
　　 3. 서면 결의서 양식 1부. 끝.

20XX. 09. 23. (수).
○○교통공사 사장

---

① 날짜는 연도와 월일을 반드시 함께 기입해야 하므로 '다. 심의일'의 날짜를 '20XX. 09. 23.'으로 수정한다.
② 첨부물의 내용이 명확하게 드러나도록 '붙임 2. 내역서 1부.'를 '붙임 2. 심의 내역서 1부.'로 수정한다.
③ 붙임이 있는 공문서는 '마침'으로 마무리해야 하므로 '붙임 3.' 뒤에 있는 '끝'을 '마침'으로 수정한다.
④ 날짜에 쓰인 괄호 다음에는 마침표를 찍지 않으므로 '20XX. 09. 23. (수).'의 맨 마지막 마침표를 삭제한다.
⑤ 문서를 보완하는 과정에서 내용이 추가되어 복잡해지면 '-다음-'이나 '-아래-' 항목을 만들어 구분한다.

06. 다음 문장이 범하고 있는 오류의 유형은?

> 올해의 채소 가격이 작년보다 떨어졌다. 그러니 상추 가격도 작년에 비해 떨어졌을 것이다.

① 흑백논리의 오류

② 분할의 오류

③ 무지에 호소하는 오류

④ 합성의 오류

⑤ 자가당착의 오류

07. 다음은 희민 씨가 은행에서 대출받은 내역이다. 20X4년 1월 1일에 상환을 완료할 때, 희민 씨가 상환해야 할 총금액은?

[희민 씨 대출 내역]

- 20X1년 1월 1일
  - 대출금액 : 1,000만 원
  - 연이율 : 10%
- 20X2년 1월 1일
  - 대출금액 : 1,600만 원
  - 연이율 : 5%
- 20X3년 1월 1일
  - 상환금액 : 1,000만 원

[대출 상환 조건]

- 모든 대출이자는 단리로 매년 12월 31일에 발생한다.
- 대출금액 상환 시 이자를 우선 상환하고, 이자를 모두 상환했을 경우 원금이 큰 대출을 우선 상환한다.

① 1,600만 원   ② 1,880만 원   ③ 2,020만 원   ④ 2,024만 원   ⑤ 2,048만 원

08. 다음 제시된 식의 일정한 규칙을 찾아 빈칸에 들어갈 알맞은 수를 고르면?

2#3＝36	3#4＝144	4#4＝256	6#3＝( )

① 289   ② 324   ③ 348   ④ 400   ⑤ 484

09. 다음은 서울특별시 및 6대 광역시의 1인 가구수와 1인 가구 비율에 대한 자료이다. 자료에 대한 설명으로 가장 적절하지 않은 것은?

[지역별 1인 가구수 및 1인 가구 비율]

(단위: 천 가구, %)

구분	2015년		2016년		2017년		2018년	
	가구수	비율	가구수	비율	가구수	비율	가구수	비율
서울특별시	1,116	29.5	1,139	30.1	1,181	31.0	1,229	32.0
부산광역시	362	27.1	372	27.7	389	28.7	404	29.7
대구광역시	240	25.8	247	26.4	260	27.4	270	28.2
인천광역시	244	23.3	254	23.9	266	24.7	276	25.2
광주광역시	164	28.8	165	29.0	171	29.8	175	30.2
대전광역시	169	29.1	180	30.4	188	31.5	196	32.5
울산광역시	104	24.5	105	24.6	107	25.1	110	25.6

※ 1인 가구 비율(%)＝(1인 가구수/전체 가구수)×100
※ 출처: KOSIS(통계청, 지역통계총괄과)

① 2016년 이후 6대 광역시의 1인 가구 비율은 모두 전년 대비 증가하였다.

② 2017년 대전광역시의 전체 가구수는 전년 대비 증가하였다.

③ 2015년 이후 매년 서울특별시의 1인 가구수는 부산광역시의 1인 가구수의 3배 이상이다.

④ 2017년 1인 가구수의 전년 대비 증가율은 인천광역시가 대구광역시보다 크다.

⑤ 2018년 1인 가구 비율이 30% 미만인 지역 중 1인 가구수가 전년 대비 가장 많이 증가한 지역은 부산광역시 이다.

10. 다음은 16진법에 대한 설명이다. 이를 바탕으로 제시된 10진수를 16진수로 변환할 때, 문자를 포함하여 표기되는 것은?

> 16진법은 10진법의 숫자 0에서 9까지 10개의 숫자와 A에서 F까지 6개의 문자로 수를 표기하는 방식이다. 0, 1, 2, 3, 4, 5, 6, 7, 8, 9는 10진수와 같이 표기하고, 10은 A, 11은 B, 12는 C, 13은 D, 14는 E, 15는 F로 표기한다. 예를 들면 10진수인 16을 16진수로 변환하면 $10_{(16)}$이 되고, 169를 16진수로 변환하면 $A9_{(16)}$가 된다.

① 102 ② 210 ③ 272 ④ 529 ⑤ 897

11. 올해 ○○교통공사의 입사 지원자 12명의 면접 점수는 다음과 같다. 면접 점수의 중앙값을 X점, 평균값을 Y점이라고 할 때, X + Y의 값은?

지원자	A	B	C	D	E	F
점수(점)	11	19	12	13	15	11
지원자	G	H	I	J	K	L
점수(점)	18	14	14	11	17	13

① 25 ② 25.5 ③ 27 ④ 27.5 ⑤ 28

12. 야구선수 A가 한 번 타격할 때 왼손 투수의 공으로 홈런을 칠 확률은 20%이고, 오른손 투수의 공으로 홈런을 치지 못할 확률은 85%이다. 올해 A가 왼손 투수의 공을 250번 치고, 오른손 투수의 공을 300번 쳤다면 올해 A가 친 홈런의 개수는?

① 45개 ② 50개 ③ 75개 ④ 95개 ⑤ 100개

[13-14] 다음은 철도사고 유형별 건수를 나타낸 자료이다. 각 물음에 답하시오.

[철도사고 유형별 건수]

(단위 : 건)

구분	2012년	2013년	2014년	2015년	2016년	2017년	2018년
합계	250	232	209	138	123	105	98
열차 사고	6	6	9	4	8	4	4
건널목 사고	10	13	7	12	9	11	8
사상 사고	231	211	189	119	104	87	82
기타 안전사고	3	2	4	3	2	3	4

※ 출처 : KOSIS(국토교통부, 철도사고현황)

13. 전체 철도사고 건수가 처음으로 200건 미만이 된 해에 건널목 사고 건수의 전년 대비 증감률은 약 얼마인가?

① 62.6%   ② −65.1%   ③ 68.3%   ④ 71.4%   ⑤ −73.2%

14. 다음 중 자료에 대한 설명으로 옳은 것을 모두 고르면?

ㄱ. 사상 사고 건수는 매년 철도사고 유형 중에서 가장 많지만, 꾸준히 감소하는 추이를 보인다.
ㄴ. 2014년부터 2018년까지 건널목 사고 건수의 평균은 10건 이상이다.
ㄷ. 조사 기간 동안 열차 사고 건수가 가장 많은 해에 사상 사고 건수는 열차 사고 건수의 27배이다.
ㄹ. 2018년 전체 철도사고 건수는 3년 전 대비 40건 감소하였다.

① ㄱ, ㄴ   ② ㄱ, ㄷ   ③ ㄱ, ㄹ   ④ ㄴ, ㄷ   ⑤ ㄴ, ㄹ

15. 갑은 제시된 M광고회사의 유형별 광고 정보와 조건을 고려하여 6월 한 달 동안 계약할 광고 유형을 선택하려고 할 때, 갑이 선택하게 될 광고 유형은?

[유형별 광고 정보]

구분	광고 면적	1일 노출 인원	1개월 광고 가격
A유형	4m × 2m	800명	450만 원
B유형	3.5m × 3.5m	1,350명	800만 원
C유형	3m × 2m	650명	300만 원
D유형	2.5m × 4.5m	1,000명	760만 원
E유형	1.5m × 3m	700명	350만 원

[조건]

- $\dfrac{1개월\ 광고\ 가격}{광고\ 면적 \times 1개월\ 노출\ 인원}$ 이 가장 저렴한 유형으로 선택한다.
- 광고 면적이 10m² 이하인 유형은 상반기에 1개월 광고 가격의 10%를 할인해준다.

① A유형　　　② B유형　　　③ C유형　　　④ D유형　　　⑤ E유형

16. 다음 주어진 명제가 모두 참일 때, 항상 옳지 않은 것은?

- 봄을 좋아하는 사람은 꽃을 좋아한다.
- 자연을 아끼는 사람은 꽃을 좋아한다.
- 일회용품을 사용하지 않는 사람은 자연을 아낀다.
- 벌을 무서워하는 사람은 꽃을 좋아하지 않는다.

① 봄을 좋아하는 사람은 벌을 무서워하지 않는다.
② 일회용품을 사용하지 않는 사람은 꽃을 좋아한다.
③ 벌을 무서워하는 사람은 일회용품을 사용한다.
④ 꽃을 좋아하지 않는 사람은 봄을 좋아하지 않고, 자연을 아끼지 않는다.
⑤ 자연을 아끼는 사람은 벌을 무서워한다.

17. A, B, C, D, E, F 6명의 사원은 3개 조로 나뉘어 프로젝트를 진행하였다. 다음 조건을 모두 고려하였을 때, 항상 옳은 것은?

> • 각 조는 1명, 2명, 3명으로 구성되었고, 조마다 서로 다른 프로젝트를 진행하였다.
> • C는 혼자 프로젝트를 진행하지 않았다.
> • E가 프로젝트를 진행한 조는 2명이다.
> • A와 D는 같은 프로젝트를 진행하였다.
> • B가 프로젝트를 진행한 조는 3명이 아니다.

① F는 D와 같은 프로젝트를 진행하였다.

② C가 프로젝트를 진행한 조는 3명이다.

③ B는 F와 다른 프로젝트를 진행하였다.

④ B는 혼자 프로젝트를 진행하였다.

⑤ E는 F와 같은 프로젝트를 진행하지 않았다.

18. 다음은 미세먼지 불안도에 대해 설문 조사한 자료이다. 자료에 대한 설명으로 가장 적절한 것은?

[연령별 미세먼지 불안도에 대한 응답 비율]

(단위 : %)

구분	전혀 불안하지 않음	별로 불안하지 않음	보통	약간 불안함	매우 불안함
13~19세	1.3	4.6	15.8	36.8	41.5
20~29세	0.7	3.1	13.3	34.8	48.1
30~39세	0.4	2.8	9.9	32.7	54.2
40~49세	0.6	3.1	11.3	35.9	49.1
50~59세	0.5	3.7	12.8	40.5	42.5
60세 이상	0.7	5.6	15.4	40.5	37.8

※ 출처 : KOSIS(통계청, 사회조사)

① 제시된 연령 중 '보통'으로 응답한 사람의 비율과 '매우 불안함'으로 응답한 사람의 비율 차이는 40~49세가 가장 크다.

② 20~29세 중 '별로 불안하지 않음'으로 응답한 사람의 수와 40~49세 중 '별로 불안하지 않음'으로 응답한 사람의 수는 동일하다.

③ 50~59세 중 '약간 불안함'으로 응답한 사람의 수가 3,321명이라면, 50~59세 전체 응답자 수는 8,100명 이하이다.

④ 30~39세 중 '약간 불안함'으로 응답한 사람의 비율은 '별로 불안하지 않음'으로 응답한 사람의 비율의 11배 이상이다.

⑤ 13~19세 전체 응답자 수가 12,000명이라면, 13~19세 중 '별로 불안하지 않음'으로 응답한 사람의 수는 '전혀 불안하지 않음'으로 응답한 사람의 수보다 416명 더 많다.

19. 다음은 부산의 승차권 종류별 도시철도 운임표이다. 다음 중 이를 바탕으로 도시철도를 이용한 상황으로 가장 적절한 것은?

[도시철도 운임표]

1. 교통카드/종이 승차권

구분	교통카드			종이 승차권		
	어른	청소년	어린이	어른	청소년	어린이
1구간	1,300원	1,050원	650원	1,400원	1,150원	700원
2구간	1,500원	1,200원	750원	1,600원	1,300원	800원

※ 1구간: 출발역으로부터 10km 이내 구간, 2구간: 출발역으로부터 10km를 초과하는 구간
※ 어른: 만 19세 이상, 청소년: 만 13세 이상~만 18세 이하, 어린이: 만 6세 이상~만 12세 이하
※ 무임(우대권 발급): 경로 우대자(만 65세 이상), 장애인(1~3급 경우 보호자 1인 포함), 국가유공자

2. 정기승차권

구분	운임	이용 안내
1일권	5,000원	발매 당일 구간 및 횟수 제한 없이 이용
7일권	21,000원	7일간 구간 제한 없이 20회 이용
1개월권	60,000원	30일간 구간 제한 없이 60회 이용

※ 반환 시에는 이용 횟수를 적용하여 산출한 금액과 수수료(100원) 공제 후 반환함
※ 반환금액 = 정기승차권 요금 – (1구간 교통카드 어른 요금 × 이용 횟수) – 100원

3. 단체승차권 할인

교통카드 기준			종이 승차권 기준		
어른	청소년	어린이	어른	청소년	어린이
10% 할인	10% 할인	10% 할인	20% 할인	20% 할인	20% 할인

※ 단체승차권 할인은 20인 이상이 동일한 구간, 동일 종류의 승차권을 동시에 구입할 때 적용됨

① 만 35세인 직장인 A는 1개월 정기승차권을 구입하여 6회 이용한 후 반환하여 52,100원을 돌려받았다.
② 만 49세인 2급 시각장애인 B는 최대한 저렴하게 하루에 6회 이용하기 위해 1일권을 5,000원에 구입하였다.
③ 1구간을 이용하는 만 17세의 고등학생 25명은 단체승차권을 교통카드로 구입하여 총 26,250원을 지불하였다.
④ 만 68세인 할아버지 C는 최대한 저렴하게 1구간을 2회 이용하기 위해 종이 승차권을 2,800원에 구입하였다.
⑤ 만 15세인 중학생 D는 하루 동안 2구간을 왕복 이용하여 교통카드로 2,100원을 지불하였다.

20. ○○회사 CS팀의 팀원들은 회의 시간에 각자의 의견을 주장하느라 한가지 결론에 도달하기 힘들다고 느껴 아래와 같이 〈회의 규칙〉을 정한 후, 이를 토대로 요즘 부쩍 늘어난 고객 문의에 대해 각자의 생각을 전달하는 회의를 진행하였다. 다음 ㉠~㉤은 회의에서 대화한 내용의 일부일 때, 이에 해당하지 않는 모자의 색깔은?

〈회의 규칙〉
- 1단계 : 흰색 모자를 쓰고, 중립적이고 객관적인 사고를 하여 사실적이고 수치적인 정보에 대해 이야기한다.
- 2단계 : 빨간색 모자를 쓰고, 감정적이고 직관적인 사고를 하여 주제에 대한 각자의 느낌이나 예감 등에 대해 이야기한다.
- 3단계 : 검은색 모자를 쓰고, 부정적이고 비판적인 사고를 하여 논의할 안건으로 인한 단점이나 부정적인 판단, 실패할 이유 등에 대해 이야기한다.
- 4단계 : 노란색 모자를 쓰고, 긍정적이고 낙관적인 사고를 하여 논의할 안건으로 인한 장점이나 긍정적인 판단, 성공할 이유 등에 대해 이야기한다.
- 5단계 : 초록색 모자를 쓰고, 창조적이고 생산적인 사고를 하여 새로운 생각이나 재미있는 생각 등 다양한 해결방안에 대해 이야기한다.
- 6단계 : 파란색 모자를 쓰고, 이성적 사고를 하여 다른 모자를 썼을 때 이야기한 것들에 대해 정리하고 평가하여 회의를 마무리한다.

㉠ 고객 문의가 늘고 있다는 것은 고객들이 우리 회사 제품에 대해 그만큼 관심이 많다는 것은 아닐까요?
㉡ 전체 고객 문의 중 불만 사항에 대한 답변 방식을 우선적으로 바꿔보는 것은 어떨까요?
㉢ 고객 문의가 한 달에 약 300건 정도 유입되는 것으로 보아, 하루 평균 10건의 문의가 들어오네요.
㉣ 고객의 문의 내용을 보면 불만이 가득한 것 같아 답변할 때 두려운 마음이 앞선 적이 많아요.
㉤ 이제까지 팀원들이 언급했던 다양한 의견들을 요약 및 정리해보도록 하겠습니다.

① 빨간색   ② 검은색   ③ 노란색   ④ 초록색   ⑤ 파란색

21. 다음 제시된 문제해결 절차에서 ㉠단계에 대한 설명으로 가장 적절하지 않은 것은?

| 문제 인식 | ▶ | 문제 도출 | ▶ | 원인 분석 | ▶ | ㉠ | ▶ | 실행 및 평가 |

① 해결안을 도출하고 평가하여 최적안을 선정하는 절차로 구성된 단계이다.
② 독창적이고 혁신적인 해결방안을 도출하는 단계이다.
③ 문제의 인과관계와 구조를 파악하여 해결해야 할 사항을 구체화하는 단계이다.
④ 도출된 해결안 중 비슷한 해결안을 그룹핑하여 최종 해결안을 정리하는 과정이 포함된다.
⑤ 중요도와 실현 가능성을 고려해 최적의 해결안을 선택해야 하는 단계이다.

22. 다음 글을 읽고 해당하는 승진의 유형으로 가장 적절한 것은?

> △△공사는 최근 조직 내 승진 정체 현상으로 인해 여러 직원의 사기가 저하되었다는 사실을 알게 되었다. 이에 따라 평소 업무 태도가 성실한 홍 대리의 승진 인사 발령을 단행하게 되었다. 이번 승진으로 홍 대리의 직위 명칭은 변경되었지만, 형식적인 승진이므로 직무상 실질적인 변화는 없다. 그렇지만 임금 상승으로 인해 홍 대리가 조금 더 책임감 있게 업무를 진행할 것으로 기대하고 있다.

① 직급승진   ② 자격승진   ③ 역직승진
④ 대용승진   ⑤ 조직변화승진

23. 다음 중 자기효능감에 대한 설명으로 적절하지 않은 것은?

① 일반적으로 자기효능감이 높은 사람이 낮은 사람보다 업무 과제에 대한 집중력이 높고, 더 큰 노력을 들인다.
② 개인이 겪는 성공 경험이나 실패 경험에 따라 자기효능감은 높아질 수도, 낮아질 수도 있다.
③ 자기효능감이 낮은 사람은 실패의 원인을 외부 요인으로 귀인한다.
④ 같은 능력을 지니고 있어도 자기효능감에 따라 실제로 업무 과제를 수행해내는 수준이 달라질 수 있다.
⑤ 타인이 성공할 수 있다는 믿음을 주는 언어적 설득은 자기효능감 향상에 긍정적 영향을 준다.

24. 다음은 업무 수행 성과를 높이기 위한 행동전략에 대해 신입사원들이 나눈 대화이다. 가장 적절하지 않은 전략을 수립한 사람은 누구인가?

> 김 사원: 나는 앞으로 일을 미루지 않고 처리하려고 해. 일을 미루고 마감일이 다 되어서야 급하게 처리하다 보니 일 처리에 있어서 최선을 다하지 못하고 업무 완성도도 떨어지더라고.
> 이 사원: 그렇구나. 나는 앞으로 아무리 자잘하고 비슷한 업무라고 하더라도 한꺼번에 처리하지 않고, 각각 따로 처리해서 업무 완성도를 높이려고 해.
> 박 사원: 나는 다른 사람들과 다른 방식으로 일해 보면서 다른 사람들이 발견하지 못한 더 좋은 해결책은 없는지 찾아보려고.
> 오 사원: 좋은 시도인데? 하지만, 그래도 기본적으로 회사나 팀의 지침은 지켜야 할 것 같아.
> 박 사원: 걱정하지 마. 나도 지켜야 할 것은 지킬 거니까.
> 백 사원: 나는 우리 팀장님을 롤 모델로 삼아보려고. 회사에서 인정받는 분인 만큼 어떻게 일하시는지 지켜보고 따라 할 수 있는 부분은 따라 할 거야.

① 김 사원   ② 이 사원   ③ 박 사원   ④ 오 사원   ⑤ 백 사원

[25~26] 다음 자료를 보고 각 물음에 답하시오.

다음은 에어컨을 만드는 A회사와 B회사의 주요 수출 국가에 따른 반기별 수익을 나타낸 것이다. A회사는 최근 몇 년 동안의 조사 자료를 통해 반기별 에어컨을 선호하는 국가에 따라 경쟁 관계인 B회사를 견제할 수 있는 사업 계획을 추진하려고 한다.

[주요 수출 국가별 기업의 수익 체계]

(단위 : 조 원)

A회사 B회사	갑국	을국	병국
갑국	(4, −7)	(−1, 4)	(3, 3)
을국	(7, −2)	(−4, 10)	(4, −1)
병국	(3, 3)	(5, 2)	(2, −2)

※ (A회사의 반기 수익, B회사의 반기 수익)을 의미함

[반기별 에어컨 선호 국가]

구분	상반기	하반기
선호 국가	을국, 병국	갑국

※ 국가가 선호하는 시기에 에어컨을 판매하면 반기별 수익이 50% 증가하거나 반기별 손해가 50% 감소함

25. 다음 중 시기를 고려하지 않고 A회사와 B회사가 주요 수출 국가를 정해 에어컨을 판매할 때, 1년 동안 두 회사 수익의 합이 가장 큰 경우는?

	A회사	B회사			A회사	B회사
①	갑국	병국		②	을국	을국
③	을국	병국		④	병국	갑국
⑤	병국	을국				

26. A회사는 내년 상반기 사업 계획을 검토하던 중 내년 상반기 B회사의 주요 수출 국가가 병국이라는 정보를 입수하였다. A회사는 B회사보다 더 많은 수익을 내면서 B회사와의 수익 차이가 가장 극대화되는 국가를 주요 수출 국가로 선정할 때, 내년 상반기 A회사와 B회사의 예상 수익 차이는?

① 3조 원　　　② 3.5조 원　　　③ 4조 원　　　④ 4.5조 원　　　⑤ 5조 원

27. ○○기업 사업팀에서 신제품을 출시하려고 한다. 사업팀 옥 대리는 신제품 출시에 앞서 효율적인 업무를 위한 세부 업무 리스트를 작성하였다. 업무 프로세스를 고려하였을 때, 세부 업무 리스트에서 다음 중 여섯 번째 순서로 진행되어야 할 업무로 가장 적절한 것은?

[업무 프로세스]

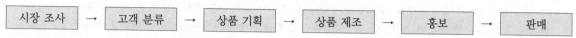

시장 조사 → 고객 분류 → 상품 기획 → 상품 제조 → 홍보 → 판매

[세부 업무 리스트]

구분	내용
가	온/오프라인 설문조사 및 인터넷 서치
나	수요가 높은 고객층을 타깃으로 제품 기획
다	홍보 및 마케팅 시행
라	시장 조사 결과에 따른 고객층 분류
마	홍보 및 마케팅 방법 수립
바	제조업체 선정
사	기획한 상품 제조
아	제품 판매

① 나　　　② 다　　　③ 마　　　④ 사　　　⑤ 아

[28-29] 다음 자료를 보고 각 물음에 답하시오.

[팀장 교육 공지]

1. 교육 안내

 각 팀의 팀장으로서 팀원을 이끌 자질과 성과 창출을 위한 역량 향상을 위해 2달 동안 다음의 교육 프로그램을 제공합니다. 교육 이수를 통하여 효율적인 인적자원관리 방법을 이해하고 팀원 개개인의 역량을 최대한 발휘하도록 도와 직원과 기업이 함께 성장할 기틀을 마련하시기 바랍니다.

2. 교육 세부사항
 • 대상 및 인원 : 각 팀의 팀장(총 20명)
 • 교육 이수 방법 : 사이버 강의 수강 및 과제 제출
 • 교육 기간 : 202X년 6월 1일 (월)~202X년 7월 31일 (금)
 • 교육 프로그램

프로그램	주요 내용	
성과 관리 역량 강화	• 팀장의 역할과 임무 파악 • 팀 전략과제 도출	• 성과 중심의 팀 경영 프로세스 • 핵심성과지표 개발
인적 관리 역량 강화	• 동기부여 방법 습득 • 구성원 개인의 특성 이해	• 외부 이해관계자들과의 협업 노하우 • 관찰 능력과 코칭 기술 습득
전략&실행 역량 강화	• 문제상황 해결 방법 • 전략 수립 역량 개발	• 실행 역량의 필요성 인지 • 효과적인 실행 프로세스 습득
조직 관리 역량 강화	• 코치형 리더로서의 팀장 역량 체화 • MPS 활용으로 직무설계	• Culture Gap Survey 분석 • 조직 변혁의 필요성에 대한 인식
마케팅 세일즈	• 마케팅 관리자로서 역할 • 실전 마케팅의 내용 전달	• 총체적인 목표 설정과 목표 달성 방법 • 세일즈 상담 프로세스
면접관 인터뷰 스킬	• 역량 중심 면접 시뮬레이션 • 인재 채용 프로세스와 기법	• 면접 과정 설계·운영 지식
감성 리더십	• 감성을 활용한 조직 구성원의 공감과 호응 창출 방법 • 상처받은 감정에 대한 치유법	
진성 리더십	• 리더십의 기초 • 리더의 도전 과제	• 리더의 다양한 책임과 역할
비즈니스 전략	• 실제 비즈니스 사례 습득 • 4차 산업혁명의 특징	• 성공 기업 스토리 • 경쟁우위

3. 교육 이수 유의사항
 • 각 교육 프로그램은 커리큘럼에 따라 모든 강의를 수강한 후 마무리 과제를 제출해야 이수한 것으로 간주됩니다.
 • 금번 팀장 교육은 제공되는 교육 프로그램 중 2개 이상의 프로그램을 이수해야 완료한 것으로 인정되며, 이전 교육에서 이미 이수 완료한 교육 프로그램의 경우 재수강하더라도 이수 완료 개수로 인정되지 않습니다.

---

28. 다음은 전략사업팀 김 팀장이 팀장 교육 공지를 확인한 후 2개의 교육 프로그램을 이수하려고 한다. 김 팀장과 홍 팀장의 대화를 바탕으로 다음 중 김 팀장이 이수할 교육 프로그램으로 가장 적절한 것은?

> 김 팀장 : 홍 팀장님, 이번에 팀장 교육 공지 보셨어요?
> 홍 팀장 : 네, 김 팀장님. 저는 감성 리더십과 진성 리더십 교육 프로그램을 수강하려고 생각 중이에요. 김 팀장님은 어떤 프로그램 수강하실 계획이세요?
> 김 팀장 : 아직 잘 모르겠어요. 아무래도 최근 매출이 잘 나오지 않아서 팀장으로서 부족한 자질이 무엇인지 고민하고 있었는데, 제 역량 강화를 위해 어떤 교육 프로그램을 수강하면 좋을지 생각해봐야 할 것 같아요.
> 홍 팀장 : 그런 고민이 있으셨군요. 저는 매출을 올리는 데 가장 중요한 것이 팀원들에게 적절한 동기부여를 하는 것이라 생각합니다. 팀원 동기부여에 대한 프로그램이 있다면 수강해보는 것이 어떠세요?
> 김 팀장 : 네, 그게 좋을 것 같네요. 저희 팀원들의 능력이 뛰어난 편이라 동기부여가 잘 된다면 높은 성과를 창출할 수 있을 것 같아요. 혹시 또 추천해주실 교육 프로그램이 있을까요?
> 홍 팀장 : 흠... 김 팀장님은 전략사업팀이니 실제 성공한 기업들의 스토리를 듣는다면 앞으로의 업무 전략을 세우는 데 도움이 되지 않을까요?
> 김 팀장 : 네, 성공한 기업의 스토리를 다루는 교육 프로그램은 이전에 이수했던 내용이라 다시 들으면 이번 교육 개수에 포함되지 않는다고 해요. 교육 기간상 2개의 교육만 수강할 수 있을 것 같습니다.
> 홍 팀장 : 그렇다면 그 교육과 유사하게 전략 수립 역량을 길러주고 효과적으로 실행 프로세스를 습득할 수 있는 교육 프로그램을 수강하시면 좋겠네요.

① 인적 관리 역량 강화, 진성 리더십
② 성과 관리 역량 강화, 비즈니스 전략
③ 비즈니스 전략, 마케팅 세일즈
④ 인적 관리 역량 강화, 전략&실행 역량 강화
⑤ 감성 리더십, 조직 관리 역량 강화

29. 홍 팀장은 감성 리더십과 진성 리더십 프로그램을 다음의 강의 수강 방법에 따라 수강하고 팀장 교육 이수를 완료하였다. 두 교육 프로그램에 대한 커리큘럼이 다음과 같을 때 홍 팀장이 팀장 교육 이수를 완료한 날짜는?

[교육 커리큘럼]

구분	감성 리더십		진성 리더십	
	강의 목차	교육 시간	강의 목차	교육 시간
제1절	감성 지능의 이해	3시간	리더의 정신모형	2시간
제2절	감성 역량	3시간	진성리더와 팀원의 관계	3시간
제3절	감성과 성과의 상관관계	2시간	성과 중심의 팀 설계 및 운영	4시간
제4절	감성리더의 조건	2시간	갈등 관리	5시간
제5절	감성 커뮤니케이션	4시간	팀워크	4시간
제6절	감성 조직으로 변화	4시간	멘토와 코치의 역할	3시간
제7절	글로벌 기업의 감성 리더십	3시간	변화 관리	2시간
마무리	과제 수행	1시간	과제 수행	1시간

[강의 수강 방법]

· 교육 기간 첫날부터 교육 프로그램을 수강하였다.
· 월요일부터 금요일까지 평일에는 하루 3시간씩 강의를 수강하였고, 주말에는 강의를 수강하지 않았다.
· 외부 업체 미팅이 있는 날에는 하루 1시간만 강의를 수강하였고, 6월 10일, 16일, 18일, 23일에 외부 업체와의 미팅이 있었다.
· 감성 리더십 교육을 이수한 후 진성 리더십 교육을 이수하였으며, 하나의 교육 이수한 다음 날 하루는 쉬는 날로 정하고 강의를 수강하지 않았다.

① 6월 19일   ② 6월 22일   ③ 6월 23일   ④ 6월 24일   ⑤ 6월 25일

30. 다음 지문에서 설명하는 조직 유형은?

　　수직적 구조와 수평적 구조가 혼합된 형태의 조직으로, 이 조직에서 구성원은 동시에 두 개의 팀에 속하게 되어 두 상급자의 명령을 받게 될 수 있다. 급격하게 변화하는 시장에 대응하기 용이하며 복합적인 조직 목표를 달성할 수 있는 구조이다. 반면에 명령 일원화의 원리에서 벗어나기 때문에 구성원의 역할 갈등이 발생할 수 있고, 직능 부서와 프로젝트팀 간의 갈등을 조정하는 데에 많은 시간이 소요되는 문제점이 발생하기도 한다.

① 매트릭스 조직   ② 프로젝트 조직   ③ 네트워크 조직
④ 사업부제 조직   ⑤ 라인·스태프 조직

31. 다음 글을 읽고 김 대리가 해당하는 부적응적 인간관계 유형으로 가장 적절한 것은?

> 김 대리는 매달 마지막 주 수요일마다 퇴근 후 팀원들과 함께 영화를 봐야 하는 팀 문화가 너무 불편하다. 위에서 지시한 사항도 아닌데 자발적으로 나서서 즐기는 다른 팀원들을 볼 때면 더욱 괴리감이 느껴진다. 어차피 인생은 혼자 사는 것. 회사에서 맡은 업무만 잘하면 되지 굳이 팀원들과 친밀한 관계를 쌓기 위해 노력할 필요가 있을까? 팀원들과 좋은 인간관계를 맺기 위해 노력할 시간에 차라리 집에 빨리 가서 최근 취미를 들인 수묵화를 그리는 것이 더 의미 있을 것 같다.

① 소외형   ② 경시형   ③ 실리형   ④ 반목형   ⑤ 불안형

32. 귀하는 ○○기업의 고객 서비스 부서에 입사한 신입사원으로, 현장에 배치되기 전에 동료들과 서비스 교육을 받고 있다. 귀하가 받은 교육 자료의 일부가 다음과 같을 때, 고객의 불만 표현 유형 및 대응 방안에 관해 바르게 이야기한 사람을 모두 고르면?

> 사례 1: 甲은 정장을 구입하기 위해 A브랜드 남성 의류 매장을 찾았다. 甲이 매장을 한참 둘러보다가 직원에게 A브랜드에서 취급하는 남성 정장의 종류는 매장에 있는 것이 전부인지 물어보았고, 직원은 그렇다고 답했다. 甲은 매장에 있는 옷이 전부 싸구려 같다고 불만을 토로하다가, 본인이 입고 있는 정장의 원단처럼 고급 원단을 사용해야 한다고 A브랜드 제품을 폄하하였다.
> 사례 2: 乙은 급하게 핸드폰을 수리하기 위해 B기업의 전자 제품 서비스 센터를 방문하였으나, 마침 사람이 붐비는 시간이어서 수리 진행이 예상보다 지연되었다. 이에 불만을 가진 乙이 안내 직원에게 본인의 핸드폰을 빨리 고쳐 달라고 소리를 질렀고, 수리 기사가 배정된 이후에는 더 빠르게 수리해달라고 독촉하였다.

> 원삼: 甲은 거만형에 해당하기 때문에 분명한 증거나 근거를 제시해서 확신을 갖도록 유도해야지.
> 다은: 甲은 정중하게 대하면서도 본인의 과시욕이 채워질 때까지 뽐내도록 내버려 두는 것이 좋아.
> 근우: 乙은 직설적으로 말하는 유형이라서 흥분을 가라앉힐 수 있도록 애매한 화법으로 응대해야 해.
> 기량: 乙은 성격이 급한 고객이라서 만사를 시원스럽게 처리하는 모습을 보여주면 효과적일 거야.

① 원삼, 다은   ② 원삼, 근우   ③ 다은, 근우
④ 다은, 기량   ⑤ 근우, 기량

33. 다음 글을 읽고 링컨의 태도와 관련된 리더십 유형으로 가장 적절한 것은?

링컨이 대통령으로 취임할 당시 외교적 상황은 그에게 굉장히 불리하게 흘러갔다. 링컨의 당선과 함께 여러 자치주가 연방 탈퇴를 선언하고 남부 연합을 이루었으며, 북부와 남부로 분열된 미국은 섬터 요새 전투를 시작으로 남북전쟁을 치르게 되었다. 북부 연방군의 거듭된 패전 끝에 큰 사상자와 포로가 발생하였고, '젊은 나폴레옹'으로 많은 지지를 얻던 매클렐런 장군의 부대가 남부에 항복할 위기에 놓이면서 북부의 사기가 크게 떨어졌다. 이때 링컨은 노예 해방이라는 새로운 비전을 제시하여 상황을 타개하고자 하였다. 노예제 폐지를 연방의 유지와 보존이라는 기존의 전쟁 목적과 하나의 윤리적 목표로 결합하여 참전 목적을 새롭게 정립함으로써 전쟁 양상을 뒤집고자 한 것이다. 수많은 반대에 부딪혔지만 결국 링컨은 남북전쟁에 노예 해방이라는 도덕적 대의를 국민의 마음에 불어넣는 데 성공했다. 그가 제시한 새로운 비전은 지친 국민들에게 그들의 노고가 인류의 윤리적 가치를 위한 것이었음을 일깨워주었다. 이를 바탕으로 북부 연방은 전쟁에서 승리하였고, 노예 해방은 미국의 전 지역으로 확산될 수 있었다. 일련의 과정에서 링컨은 내각 각료들과 개별적인 시간을 보내면서 그들의 노고를 치하하기도 하였으며, 좋은 제안을 한 관료는 공개적으로 칭찬함으로써 여러 사람으로 하여금 높은 충성심을 갖도록 하였다. 이처럼 조직의 비전과 추구해야 할 가치를 명확하게 제시하고, 개개인에게 시간을 할애하여 부하들의 감정을 고려하여 충성심을 얻는 데 탁월한 능력을 갖춘 링컨의 리더십은 오늘날 요구되는 훌륭한 리더십의 자세로 여겨진다.

① 민주적 리더십   ② 서번트 리더십   ③ 변혁적 리더십
④ 파트너형 리더십   ⑤ 독재자형 리더십

34. 다음 글을 읽고 ㉠, ㉡에 들어갈 멘토링의 유형을 순서대로 바르게 나열한 것은?

멘토링(Mentoring)이란 풍부한 경험과 지혜를 보유한 멘토(Mentor)가 멘티(Mentee)에게 지도와 조언을 함으로써 멘티의 실력과 잠재력을 향상시키는 것 또는 그러한 체계를 의미한다. 이러한 멘토링은 기업에서 신입사원의 업무 적응 및 성장 잠재력 개발을 위해 폭넓게 쓰이고 있다. 멘토링은 형성 방법에 의해 크게 두 가지 유형으로 나누어진다. (㉠) 멘토링의 경우 특정 목적이나 임무 완수를 위해 인위적으로 형성된 유형이다. 평균 6개월에서 1년 정도 지속되며, 이를 형성한 제3자가 체계적인 규정을 제시하고 있어 역량 개발 면에서 긍정적인 효과가 나타난다. 이와 달리 (㉡) 멘토링의 경우 지속적인 관계 유지 및 개인의 조직 적응을 위해 자발적으로 형성된 유형이다. 평균 3년에서 6년 정도 지속되며, 서로를 탐색하는 활동을 통해 이루어지므로 상호 간의 믿음과 신뢰를 바탕으로 친근감과 친밀감을 증대시킬 수 있다.

① 구조적 – 기능적

② 공식적 – 비공식적

③ 단기적 – 장기적

④ 체계적 – 비체계적

⑤ 위계적 – 상호주의적

35. 맥킨지(McKinsey)의 7-S 모형은 조직문화를 구성하는 요소와 그 요소들 간의 상호작용을 개념화한 것으로, 조직의 강점과 약점을 파악하고 전체적인 관점에서 기업 문화를 이해하는 데 도움이 되는 모델로 평가된다. 다음 설명에 해당하는 7-S 모형의 구성요소로 가장 적절한 것은?

> 이것은 맥킨지(McKinsey)의 7-S 모형을 구성하는 7개의 요소를 비교적 변화가 용이한 하드 3S와 비교적 변화가 어려운 소프트 4S로 구분할 때 후자에 속하는 요소이다. 모든 구성원이 사고나 행동의 기준으로 삼는 기업의 비전이나 핵심 이념, 가치관 등을 일컬으며, 조직 구성원 외에도 고객, 투자자 등 여러 이해관계자에게 영향을 끼치게 된다는 점에서 중요한 요소로 여겨진다.

① 공유가치(Shared value)
② 리더십 스타일(Style)
③ 제도절차(System)
④ 구조(Structure)
⑤ 전략(Strategy)

36. Windows 10 PC 운영체제에서 Windows 로고 키를 조합한 바로 가기 키에 대한 설명으로 적절하지 않은 것은?

① ⊞ + E : 탐색기 실행
② ⊞ + D : 바탕화면 보기 또는 복구
③ ⊞ + T : 작업 표시줄의 프로그램 차례대로 선택
④ ⊞ + M : 모든 창 최소화
⑤ ⊞ + R : 컴퓨터 잠금

37. 다음 중 제어판의 장치 및 프린터에서 사용할 수 있는 기능으로 가장 적절하지 않은 것은?

① 인쇄 작업 목록 보기
② 장치 제거
③ 기본 프린터로 설정
④ 오디오 장치 관리
⑤ 인쇄 서버 속성

38. 사무용품 구매 담당자인 귀하는 엑셀을 이용하여 부서별 사무용품 신청 내역을 정리하고, 구매할 물품의 수량 및 금액을 파악하려고 한다. 다음 엑셀 시트의 빈 셀에 입력할 수식으로 가장 적절하지 않은 것은?

	A	B	C	D	E	F	G	H
1		2020년 5월 사무용품 신청 현황						
2		신청일	신청 부서	품목	단위	단가(원)	신청 수량	구매 금액
3		2020-05-06	인사부	볼펜	자루	500	15	7,500
4		2020-05-06	인사부	수정테이프	개	2,300	5	
5		2020-05-11	재무관리부	A4용지	박스	25,000	3	75,000
6		2020-05-12	영업부	포스트잇	개	2,000	5	10,000
7		2020-05-20	생산부	A4용지	박스	25,000	1	25,000
8		2020-05-20	영업부	정부파일	팩	5,500	1	5,500
9		2020-05-25	재무관리부	정부파일	팩	5,500	2	11,000
10		2020-05-27	총무부	볼펜	자루	500	10	5,000
11		2020-05-27	총무부	A4용지	박스	25,000	7	175,000
12		2020-05-28	인사부	클립	통	3,500	1	3,500
13		2020-05-28	인사부	정부파일	팩	5,500	10	55,000
14		2020-05-29	재무관리부	수정테이프	개	2,300	3	6,900
15		총계						390,900
16								
17		부서별 합계			품목별 합계			
18		부서	합계 금액		품목	수량	합계 금액	
19		생산부	25,000		A4용지		275,000	
20		영업부	15,500		볼펜	25	625,000	
21		인사부	77,500		수정테이프	8	200,000	
22		재무관리부	92,900		정부파일	13		
23		총무부			클립	1	2,300	
24					포스트잇	5	11,500	

① [H4] = F4*G4

② [G15] = SUM(G3:G14)

③ [C23] = COUNTIF(C3:C14, B23)

④ [F19] = SUMIF(D3:D14, E19, G3:G14)

⑤ [G22] = VLOOKUP(E22, D3:F14, 3)*F22

39. 우리가 접하는 모든 정보가 다 유용한 것은 아니며 모든 정보를 다 활용 가능한 것도 아니기 때문에, 효과적인 정보 활용을 위해서는 동적인 정보와 정적인 정보를 구분하고 그에 맞는 관리법을 적용해야 한다. 다음 그림의 ㉠~㉣의 특징과 관리법에 대한 설명으로 옳지 않은 것은?

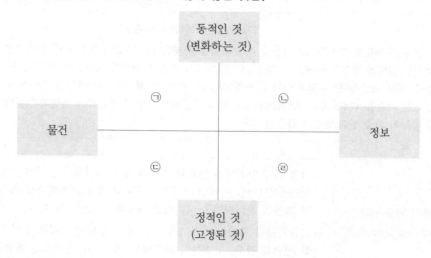

① ㉣은 저장 정보라고도 한다.
② ㉠과 ㉡에 해당하는 것은 미련 없이 버려야 한다.
③ ㉡은 시시각각으로 변화하며 유효기간이 짧다는 특징이 있다.
④ 잡지나 책에 실린 정보는 ㉡, 신문이나 TV 뉴스는 ㉣에 해당한다.
⑤ ㉢은 정성을 들여 사용하고, ㉣은 생각하고 보존하는 관리법이 요구된다.

40. 다음은 산업재해의 발생 요인에 대한 글이다. 밑줄 친 ㉠과 관련 있는 사례로 가장 적절한 것은?

> 산업재해란 산업 활동 중에 발생한 사고로 인해 사망하거나 부상을 당하는 경우뿐만 아니라 유해 물질 등에 의한 중독으로 직업성 질환 또는 신체적 장애를 불러일으키는 경우를 모두 포함한다. 산업재해의 직접적인 발생 요인은 크게 물적 원인과 인적 원인으로 구분된다. 먼저 산업재해의 발생은 주로 근로자의 과로나 기기 상태의 열악 등 ㉠ 불안전한 상태에서 기인하는데, 이는 관리책임에 의한 안전보건 관리상의 결함 중 물적 원인에 해당한다. 하지만 안전보건 상 완벽한 환경에서도 근로자의 부주의나 개인적 결함 등 불안전한 행동으로 인한 산업재해가 발생하기도 하며, 이는 안전보건 관리상의 결함 중 인적 관리에 해당한다.

① 산업환경에서 위험한 장소에 접근하는 경우
② 보호 장비를 착용하지 않거나 잘못 착용하는 경우
③ 위험물을 취급할 때 부주의한 경우
④ 작업환경에 소방기구가 확보되지 않은 경우
⑤ 위험 경고 없이 기계의 속도를 조작한 경우

41. ○○기업 임직원의 역량개발을 책임지는 교육담당자인 귀하는 신입직원들을 대상으로 기업이 시장에서 우위를 차지하기 위해 필요한 기술과 그 기술을 선택하는 데에 따른 의사결정 방법에 대한 교육을 진행할 예정이다. 이를 위한 교육 자료를 작성했다고 할 때, 다음 중 귀하가 수정해야 할 부분으로 가장 적절한 것은?

[기술 선택을 위한 의사결정]

어떤 기술을 획득할 것인가, 그 기술을 어떻게 활용할 것인가는 자신의 업무 수행 능력뿐만 아니라 자신이 속한 기업의 경쟁력을 결정짓는 요소로 작용합니다. 따라서 기술을 선택할 때는 주어진 시간과 자원의 제약하에서 선택할 수 있는 대안들 중 최적이 아닌 최선의 대안을 선택하는 합리적 의사결정을 추구해야 합니다. 여기서 기업은 필요한 기술을 외부로부터 도입할 것인가, 자체 개발하여 활용할 것인가를 결정하기 위해 크게 상향식 기술 선택과 하향식 기술 선택 방법을 활용합니다.

상향식 기술 선택 (Bottom-up approach)	① 기업 전체 차원에서 필요한 기술에 대한 체계적인 분석이나 검토 과정이 요구되며, 엔지니어들은 기업 조직의 원칙이나 규율을 바탕으로 기술을 선택해야 하므로 그들의 창의적인 아이디어가 배제된 기술이 선택된다. ② 기술자들이 자신의 과학기술 전문 분야에 대한 지식과 흥미만을 고려하여 기술을 선택할 경우, 고객들이 요구하는 제품이나 서비스를 개발하는 데 부적합 기술이 선택될 수 있음을 주의해야 한다.
하향식 기술 선택 (Top-down approach)	③ 기술 경영진과 기술기획 담당자들에 의한 체계적인 분석을 통해 기업이 획득해야 하는 대상 기술과 목표 기술의 수준을 결정하는 것이다. ④ 우선 기업이 직면한 외부환경과 기업의 보유 자원에 대한 분석을 통해 기업의 중장기적인 사업목표를 설정하고, 이를 달성하기 위해 확보해야 하는 핵심 고객층과 그들에게 제공할 제품과 서비스를 결정해야 한다. ⑤ 핵심 고객층에게 제공할 제품과 서비스까지 결정했다면, 사업전략의 성공적인 수행을 위해 필요한 기술들을 열거하고 각각의 기술을 획득할 순서를 결정해야 한다.

42. ○○공사의 기술혁신 부서에 새로 입사한 귀하는 신입사원 과제로 기술 경영자와 기술 관리자에게 필요한 능력에 대한 보고서를 제출해야 한다. 다음은 귀하가 작성한 보고서 중 일부일 때, 기술 경영자와 기술 관리자에게 필요한 능력을 잘못 분류한 것을 모두 고르면?

○○공사 신입사원 과제 보고서
– 기술 경영자와 기술 관리자에게 필요한 능력 –

훌륭한 기술 경영자와 기술 관리자가 되기 위해서는 기술 및 행정 능력뿐만 아니라 다양한 능력들을 갖추어 통합적으로 문제를 해결할 수 있어야 한다. 기술 경영자와 기술 관리자에게 필요한 능력은 다음과 같다.

기술 경영자	기술 관리자
ㄱ. 기업의 전략 목표와 기술을 통합시키는 능력 ㄴ. 기술 전문 인력을 운용하는 능력 ㄷ. 신제품 개발 시간을 단축하는 능력 ㄹ. 기술적, 사업적, 인간적 능력을 통합하는 능력	ㅁ. 기술 관련 종사자와 의사소통하는 능력 ㅂ. 기술을 효과적으로 평가하는 능력 ㅅ. 공학적 도구나 지원방식을 이해하는 능력 ㅇ. 새로운 기술을 빠르게 습득하는 능력

---

① ㄱ, ㅁ   ② ㄴ, ㄹ   ③ ㄷ, ㅅ   ④ ㄴ, ㄷ, ㅁ   ⑤ ㄹ, ㅂ, ㅇ

43. 다음은 비교 대상에 따른 벤치마킹의 유형을 정리한 것이다. 정리한 내용으로 가장 적절하지 않은 것은?

내부 벤치마킹	의미	같은 기업 내의 다른 지역, 타 부서, 국가 간의 유사한 활용을 대상으로 함
	특징	• 자료수집이 용이함 ① 다각화된 우량 기업이 활용할 경우 큰 효과를 얻을 수 있음 ② 상대적으로 제한적 관점, 편중된 내부시각에 대한 우려가 있음
경쟁적 벤치마킹	의미	동일 업종에서 고객을 직접적으로 공유하는 경쟁기업을 대상으로 함
	특징	• 경영성과 관련 정보를 입수할 수 있고, 업무 및 기술 비교가 가능함 ③ 윤리적인 문제가 발생할 소지가 있음 • 상대방의 적대적 태도로 인해 자료 수집이 어려움
비경쟁적 벤치마킹	의미	제품, 서비스 및 프로세스의 단위 분야에 있어 가장 우수한 실무를 보이는 비경쟁적 기업 내의 유사 분야를 대상으로 함
	특징	④ 혁신적인 아이디어가 창출될 가능성이 높음 • 다른 환경의 것을 가져오는 것이기 때문에 상황에 맞게 가공하지 않으면 큰 효과를 보기 어려움
글로벌 벤치마킹	의미	프로세스에 있어 최고로 우수한 성과를 보유한 동일 업종의 비경쟁적 기업을 대상으로 함
	특징	⑤ 상대적으로 접근 및 자료수집이 어렵고, 비교 가능한 업무 및 기술 습득이 어려움 • 문화/제도적 차이로 발생하는 효과를 검토하지 않으면 잘못된 분석 결과가 나올 수 있음

44. 다음은 N엔터테인먼트사가 실적 개선을 위해 진행한 SWOT 분석의 결과이다. 분석 결과를 바탕으로 수립한 대응 전략으로 적절하지 않은 것은?

> SWOT 분석이란 기업 내부의 강점(Strength)과 약점(Weakness), 기업을 둘러싼 외부의 기회(Opportunity)와 위협(Threat)이라는 4가지 요소를 규정하고 이를 토대로 기업의 경영전략을 수립하는 기법이다. SO(강점 – 기회) 전략은 시장의 기회를 활용하기 위해 강점을 적극 활용하는 전략이고, WO(약점 – 기회) 전략은 약점을 보완하며 시장의 기회를 활용하는 전략이다. ST(강점 – 위협) 전략은 시장의 위협을 회피하기 위해 강점을 활용하는 전략이고, WT(약점 – 위협) 전략은 시장의 위협을 회피하고 약점을 최소화하는 전략이다.

내부환경 외부환경	강점(Strength)	약점(Weakness)
기회(Opportunity)	SO(강점 – 기회) 전략	WO(약점 – 기회) 전략
위협(Threat)	ST(강점 – 위협) 전략	WT(약점 – 위협) 전략

강점(Strength)	• 인기 배우 및 가수가 다수 소속되어 높은 수익 창출 • 풍부한 아이돌 연습생 인적 자원 보유 • 자회사로 드라마, 영화 등의 콘텐츠 제작 스튜디오 보유
약점(Weakness)	• 온·오프라인 홍보 부족 • 지나친 상업 추구로 부정적인 브랜드 이미지 형성 • 소속 연예인 대상의 기획 상품 부재
기회(Opportunity)	• 해외 시장에서 K-pop의 인기 증가 • 온라인 동영상 스트리밍 서비스 내 한국 드라마 및 영화 유행 • 공익 홍보대사로서의 인기 연예인 영향력 증대
위협(Threat)	• 주요 경쟁사의 신규 아이돌 그룹 런칭 • 중국 엔터테인먼트사 기업의 성장 및 적극적인 한국 시장 공략

> ㉠ SO 전략: 소속 연예인 중 인기 가수의 앨범을 발매하고 해외 시장에 진출시켜 해외 시장 내 K-pop 인기를 선점함
> ㉡ WO 전략: 소속 연예인을 공익 홍보대사로 참여하게 함으로써 상업적인 브랜드 이미지 탈피함
> ㉢ ST 전략: 주요 경쟁사에서 새롭게 런칭한 신규 아이돌 그룹에 대응하여 소속 연습생 기반의 신규 아이돌 그룹을 데뷔시킴
> ㉣ WT 전략: 온라인 동영상 스트리밍 서비스 업체와의 제휴를 통해 자회사에서 제작한 드라마가 신규 시장에 진입하도록 함

① ㉠   ② ㉡   ③ ㉢   ④ ㉣   ⑤ 없음

45. 다음은 중장기 경영 전략을 수립하기 위해 기업의 부가가치 창출과 관련된 과정을 분석할 때 사용하는 분석 방법 중 하나인 보스턴컨설팅그룹의 BCG 매트릭스이다. 매트릭스에서 색칠된 영역에 해당하는 사업에 대한 설명으로 옳은 것을 모두 고르면?

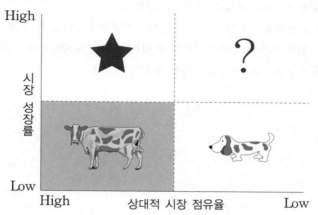

┌───┐
│ ㉠ 벌어들이는 이익이 커 경쟁력과 확장의 기회를 동시에 가지고 있지만, 계속적인 투자가 필요하다. │
│ ㉡ 경쟁사 대비 시장 지배적인 사업이지만, 확장의 기회가 줄어들고 있어 위험이 따른다. │
│ ㉢ 발전할 잠재력이 있으나 미래에 집중적인 투자가 요구되어 많은 자금이 필요한 사업이다. │
│ ㉣ 현금흐름이 좋아 자금의 원천사업이 될 수 있으며, 높은 브랜드 인지도를 갖고 있다. │
└───┘

① ㉡, ㉣   ② ㉠, ㉡   ③ ㉢, ㉣

④ ㉡, ㉢, ㉣   ⑤ ㉠, ㉡, ㉣

46. 다음은 노트북을 생산하는 갑과 을이 노트북의 가격 인상을 고려하고 있는 상황에서, 전략에 따른 갑과 을의 보수를 표로 나타낸 것이다. 내쉬균형이 이뤄질 경우 갑과 을이 얻게 되는 보수의 합은 얼마인가?

구분		을	
		가격 인상	가격 유지
갑	가격 인상	(20, 20)	(5, 25)
	가격 유지	(25, 5)	(10, 10)

① 10   ② 20   ③ 30   ④ 40   ⑤ 60

47. 다음 중 업무의 특성에 대한 설명으로 가장 적절하지 않은 것은?

① 직업인은 업무를 공적으로 수행하면서 수행 결과에 대한 책임도 부여받게 된다.

② 조직 내에서 업무는 궁극적으로 같은 목적을 지향한다.

③ 업무는 독립적으로 이루어지기 때문에 업무 간에는 서열성이 없다고 볼 수 있다.

④ 조직의 구성원이 업무 수행을 임의로 선택할 수 있는 자율성 및 재량권이 적다.

⑤ 각각의 업무마다 요구되는 지식·기술·도구의 종류가 다르다.

48. 다음 중 직장 내에서 지켜야 하는 예절에 대한 설명으로 가장 적절하지 않은 것은?

① "수고하세요" 또는 "수고하셨습니다"라는 표현은 직장 상사에게 사용하지 않는다.

② 명함을 주고받을 때는 명함을 주는 사람과 받는 사람 모두 일어서서 주고받는다.

③ 타인으로부터 전화해달라는 메시지를 받았다면 가능한 한 48시간 이내에 답변해준다.

④ 악수를 할 때는 아랫사람이 윗사람에게, 미혼자가 기혼자에게 청해야 한다.

⑤ 소개받는 사람의 별칭은 그 이름이 비즈니스에서 사용되는 것이 아니라면 사용하지 않는다.

49. 다음 중 직업윤리의 덕목에 대한 설명으로 가장 적절하지 않은 것은?

① 소명 의식 : 자신이 맡은 일은 하늘에 의해 맡겨진 일이라고 생각하는 태도

② 천직 의식 : 자신이 하고 있는 일이 사회나 기업을 위해 중요한 역할을 하고 있다고 믿고 자신의 활동을 수행하는 태도

③ 책임 의식 : 직업에 대한 사회적 역할과 책무를 충실히 수행하고 책임을 다하는 태도

④ 전문가 의식 : 자신의 일이 누구나 할 수 있는 것이 아니라 해당 분야의 지식과 교육을 밑바탕으로 성실히 수행해야만 가능한 것이라 믿고 수행하는 태도

⑤ 봉사 의식 : 직업 활동을 통해 다른 사람과 공동체에 대하여 봉사하는 정신을 갖추고 실천하는 태도

50. 다음 중 공동체 윤리 측면에서 문제가 있는 사람을 모두 고르면?

소규모 사무실을 운영하는 A씨는 9시 출근, 6시 퇴근을 지키는 날이 별로 없다. A씨는 본인이 내키는 대로 출퇴근하지만, 직원들이 조금이라도 느슨한 모습을 보이면 불같이 화를 낸다. 어느 날은 과장인 B씨가 6시 정각에 퇴근을 하자, 나이가 들더니 업무에 대한 열정을 잃었다며 직원들 앞에서 면박을 주었다. 가끔 A씨가 화를 낼 때마다 분위기를 수습하는 것은 사무실 내에서 경력이 가장 많은 부장 C씨이다. C씨는 평소 특유의 리더십으로 직원들을 다독여가며 업무를 진행하였고, 그런 부장을 따라 대리인 D씨와 E씨도 성실하게 일했다. 덕분에 A씨의 사무실은 나름 거래처로부터 좋은 평가를 받고 있었다. 그러던 어느 날 문제가 발생했다. 사무실 막내인 F씨가 이어폰을 꽂고 음악을 들으면서 일하다가 A씨가 부르는 소리를 못 들은 것이다. 화가 난 A씨는 본보기를 보여준다며 직원들 앞에서 큰 소리로 F씨를 혼냈다. C씨가 분위기를 수습하여 그날은 사건이 일단락된 듯 보였지만, F씨는 다음 날 퇴사하겠다는 문자메시지를 C씨에게 보내고 실제로 출근하지 않았다.

① A, B   ② A, C   ③ A, D   ④ A, E   ⑤ A, F

51. 다음 중 밑줄 친 '이 시대'에 새롭게 나타난 생활상으로 옳은 것은?

> 기원전 2000년에서 1500년경에 시작된 것으로 추정되는 이 시대에는 벼농사를 시작하고 관개 농업이 발달하면서 수렵과 채집의 비중이 축소되었다. 4대 문명이 발생한 것도 이 시대로 알려져 있으며, 우리나라의 경우에도 최초의 국가인 고조선이 등장한다.

① 가락바퀴와 뼈바늘로 그물을 만들고 있는 여인
② 강가에 임시로 막집을 짓고 생활하는 무리
③ 비파형 동검으로 권위를 과시하는 족장
④ 사냥을 위해 슴베찌르개로 창을 만드는 남자
⑤ 빗살무늬 토기에 음식을 저장하는 할머니

52. 다음은 어떤 국가의 왕호(王號) 변천 과정을 나타낸 것이다. 이 국가에 대한 설명으로 옳은 것은?

| 거서간
(居西干) | → | 차차웅
(次次雄) | → | 이사금
(尼師今) | → | 마립간
(麻立干) | → | 왕
(王) |

① 골품제라는 신분제도에 따라 성골과 진골만 주요 관직에 오를 수 있었다.
② 수도를 위례성에서 웅진으로, 웅진에서 사비로 천도하였다.
③ 철이 풍부하여 철기 문화가 발달하였으나 연맹 왕국 체제를 벗어나지 못하였다.
④ 국립교육기관으로 수도에는 태학을 세웠고 지방에는 경당을 설립하였다.
⑤ 고구려 유민이 세운 나라로, '바다 동쪽의 융성한 나라'라는 뜻의 해동성국으로 불렸다.

53. 다음 지문에서 설명하는 국가와 관련 없는 것은?

> 기원전 18년에 온조왕이 고구려에서 남하하여 한강 유역의 위례성을 도읍으로 하여 건국하였으며, 지리적 이점으로 철기 문화와 농경 문화가 발달하였다. 3세기 중엽에 고이왕이 중앙 집권 국가의 기틀을 마련한 후, 4세기에 근초고왕의 활발한 정복 활동으로 전성기를 맞이하였다.

① 미륵사지 석탑 ② 금동대향로 ③ 분황사 모전석탑
④ 서산 마애삼존불상 ⑤ 정림사지 5층 석탑

54. 다음 중 신라의 왕과 주요 업적이 잘못 연결된 것은?

① 문무 관료전의 지급 및 녹읍 폐지 – 신문왕

② 화랑도를 국가적 조직으로 개편 – 진흥왕

③ 율령의 반포를 통한 통치 질서 확립 – 태종무열왕

④ '마립간'에서 '왕'으로 왕호 변경 – 지증왕

⑤ 이차돈의 순교를 계기로 불교 공인 – 법흥왕

55. 다음은 고려 시대 왕들의 업적이다. ㉠~㉣을 재위 순서에 따라 나열한 것은?

> ㉠ 노비안검법을 시행하여 왕권을 강화하였다.
> ㉡ 신돈을 등용하였으며 반원 자주 정책을 펼쳤다.
> ㉢ 거란의 침입을 물리치기 위해 초조대장경을 만들었다.
> ㉣ <시무 28조>를 채택하고 유교를 국가의 통치이념으로 삼았다.

① ㉠ – ㉡ – ㉢ – ㉣   ② ㉠ – ㉡ – ㉣ – ㉢   ③ ㉠ – ㉢ – ㉣ – ㉡

④ ㉠ – ㉣ – ㉡ – ㉢   ⑤ ㉠ – ㉣ – ㉢ – ㉡

56. 다음 지문에서 설명하고 있는 역사서는?

> 우리나라에 현존하는 가장 오래된 역사서로, 고려 인종 때 김부식이 왕명을 받들어 여러 사관과 함께 편찬하였다. 유교적 역사관에 입각하여 삼국시대의 역사를 기전체로 서술하였으며 신라 계승 의식이 많이 반영되었다는 특징이 있다.

① <동국통감>   ② <삼국유사>   ③ <고려국사>

④ <삼국사기>   ⑤ <동사강목>

57. 다음 중 조선 시대의 왕과 주요 업적이 잘못 연결된 것은?

① 성종 – 경국대전 반포
② 광해군 – 대동법 실시
③ 영조 – 신문고 부활
④ 정조 – 규장각 설치
⑤ 순조 – 수원화성 축성

58. 다음 지문의 ⓐ, ⓑ에 대한 설명으로 옳지 않은 것은?

성리학의 주요 이론인 이기론(理氣論)은 주리론과 주기론 이라는 큰 흐름으로 분류된다. ⓐ와 ⓑ는 이러한 흐름을 주도한 학자로 평가받고 있다. 우선 동방의 주자로 불리는 ⓐ는 성리학의 주류인 주리론을 집대성하며 영남학파를 이끌었다. 한편 현실 문제 해결에 중점을 두는 주기론을 집대성한 ⓑ는 경기도와 황해도 남부 및 충청남도 북부를 중심으로 한 기호학파의 성립에 큰 영향을 미쳤다.

① <성학십도>는 ⓐ의 대표적인 저서이다.
② ⓑ의 사상은 후에 위정척사사상에 영향을 미쳤다.
③ ⓐ의 학덕을 기리기 위해 안동에 도산서원이 세워졌다.
④ ⓑ는 외적의 침입을 대비하기 위해 십만 양병설을 주장했다.
⑤ 신사임당은 ⓑ의 어머니이다.

59. 1402년(조선 태종 2년)에 김사형, 이무 등이 그린 지도로 현존하는 동양 최고(最古)의 세계지도는?

① 혼일강리역대국도지도　　　② 곤여만국전도　　　③ 천하도
④ 대동여지도　　　⑤ 천하여지도

60. 다음 중 흥선대원군의 업적에 대한 설명으로 옳지 않은 것은?

① 호포제를 실시하여 양반에게도 군포를 징수하였다.

② 원납전 징수를 중단하고 당백전을 발행하였다.

③ <대전회통>과 <육전조례> 등의 법전을 편찬하였다.

④ 비변사를 폐지하고 의정부와 삼군부의 기능을 회복시켰다.

⑤ 붕당의 근거지인 서원을 47개소만을 남기고 철폐하였다.

61. 다음 중 역사적 사건에 대해 잘못 설명한 것은?

① 러·일 전쟁의 승리로 기세가 등등했던 일본이 삼국간섭 등으로 세력이 약해질 것을 염려해 계획한 명성황후 시해 사건을 을미사변이라고 한다.

② 아관파천은 명성황후가 시해된 이후 신변에 위협을 느낀 고종이 거처를 러시아 공사관으로 옮겨 지냈던 사건이다.

③ 아관파천 이후 계속되는 환궁(還宮) 요구에 경운궁으로 돌아온 고종은 대한제국을 선포하고, 광무개혁을 실시했다.

④ 고종은 네덜란드의 헤이그에 특사를 파견해 불법적·강제적으로 체결된 을사늑약의 부당함을 알리고자 했다.

⑤ 조선에 을사늑약을 강요하고 헤이그 특사를 빌미로 고종을 퇴위시키려고 했던 이토 히로부미를 만주 하얼빈 역에서 사살한 사람은 안중근 의사이다.

62. 다음 밑줄 친 우리말을 한자로 바르게 표기한 것은?

> 이번 분기 우수 영업 사원에게 일주일의 휴가와 상금이 <u>포상</u>으로 주어졌다.

① 副賞　　　② 褒賞　　　③ 受賞　　　④ 大賞　　　⑤ 觀賞

63. 다음 중 표준어가 아닌 것은?

① 막둥이　　② 미류나무　　③ 꼬챙이　　④ 웃어른　　⑤ 상판대기

64. 다음 중 맞춤법에 맞지 않는 것은?

① 속히   ② 뚜렷이   ③ 가지런이   ④ 무던히   ⑤ 곰곰이

65. 다음 중 띄어쓰기가 틀린 것은?

① 지방에 볼일이 있어 내려간 차에 고향 집에 가 오랜만에 부모님을 뵀다.

② 작년에 사업차 방문했던 것을 포함하면 미국은 이번이 두 번째이다.

③ 지금 막 내가 너에게 전화를 걸려던차였는데 네가 전화를 했구나.

④ 선생님 댁이 이곳이라는 말을 우연히 듣고 인사차 들렀습니다.

⑤ 어느새 입사 7년 차에 들어서니 감회가 새롭다.

66. 다음 지문의 내용과 관련 있는 한자성어는?

> 한때 세간에는 사회적 지위가 높은 사람이 자신의 권력을 이용해 상대적으로 지위가 낮은 상대에게 함부로 행동하는 이른바 '갑의 횡포' 사건이 연일 화제가 되었다. 그리고 이런 일련의 사건에서 비난의 화살은 경거망동한 당사자뿐만 아니라 그들이 속한 회사에까지 향하며 막대한 손실을 입히기도 했다.

① 결자해지(結者解之)   ② 교각살우(矯角殺牛)   ③ 방휼지쟁(蚌鷸之爭)

④ 일어탁수(一魚濁水)   ⑤ 낭중지추(囊中之錐)

67. 농구 경기에서 한 쿼터나 경기 종료를 알리는 휘슬이 울리는 순간에 득점을 올리는 것은?

① 리바운드   ② 버저비터   ③ 앨리웁   ④ 바스켓 굿   ⑤ 레이업 슛

68. 올림픽 오륜기의 색깔에 해당하지 않는 것은?

   ① 파란색   ② 주황색   ③ 노란색   ④ 초록색   ⑤ 검은색

69. 우리 몸의 혈관, 뼈, 이의 건강 유지에 필요한 것으로, 결핍되면 괴혈병이 나타나는 영양소는?

   ① 비타민 A   ② 비타민 C   ③ 비타민 D   ④ 비타민 E   ⑤ 비타민 K

70. 판소리계 소설에 해당하지 않는 것은?

   ① <장끼전>   ② <이춘풍전>   ③ <토끼전>   ④ <양반전>   ⑤ <심청전>

71. 다음 빈칸에 들어갈 알파벳은?

> 　2020년 2월, 세계 최초 정지 궤도 대기오염 관측 위성인 천리안 2(　　　)호가 발사되었다. 천리안 2(　　　)호는 순수 우리나라 기술로 개발된 위성으로, 한반도를 비롯한 동아시아의 대기오염물질 및 해양 환경을 관측하여 미세먼지 등 오염 물질의 이동 과정을 밝혀내는 데 기여할 것으로 보인다.

   ① A   ② B   ③ O   ④ K   ⑤ Z

72. 다음 지문의 내용과 관련 없는 작품은?

> 미겔 데 세르반테스의 소설 <돈키호테>에는 기사도 문학을 너무 많이 읽어 미쳐버린 주인공 돈키호테가 등장한다. 이는 대항해시대 유럽 최강국이었던 과거의 영광을 잊지 못한 채 허상에 매달려 있는 17세기 에스파냐와 봉건사회의 구습을 돈키호테와 그의 주변 인물에 빗대어 풍자한 것이다.

① 과부와 밀회를 하다 호랑이에게 잡아 먹힐 뻔한 '북곽선생'이 등장하는 소설 <호질>

② 어릿광대 같은 행동을 하는 독재자 '힌켈'이 등장하는 영화 <위대한 독재자>

③ 일제 치하에서 일신의 만족만을 추구하는 '윤 직원'이 등장하는 소설 <태평천하>

④ 매관매직으로 양반이 된 것이면서 유식한 체 거들먹거리는 '양반'이 등장하는 고전극 <봉산탈춤>

⑤ 3일간의 사투 끝에 잡은 거대한 청새치를 상어에게 빼앗긴 '노인'이 등장하는 소설 <노인과 바다>

73. 근대 미술에서 볼 수 있는 특수 기법으로, 유화의 한 부분에 인쇄물이나 천, 나뭇조각 등 여러 가지 이질적인 재료를 오려 붙여 화면을 구성하는 회화 기법은?

① 콜라주   ② 모자이크   ③ 마블링   ④ 데칼코마니   ⑤ 프로타주

74. 윌리엄 셰익스피어의 5대 희극으로 꼽히는 작품은?

① <리어왕>   ② <베니스의 상인>   ③ <맥베스>

④ <로미오와 줄리엣>   ⑤ <오셀로>

75. 민원 조사관이 행정부의 직위 남용이나 부당 행위를 감시하는 제도는?

① 옴부즈맨   ② 플리바게닝   ③ 매니페스토

④ 휘슬블로어   ⑤ 플레비사이트

76. 이권이 결부된 정치 세력들이 투표 거래나 투표 담합을 통해 상호 지원하는 행위를 이르는 용어는?

① 프레임업　　　　　② 레드테이프　　　　　③ 로그롤링
④ 마타도어　　　　　⑤ 보이콧

77. 다음 중 토글키에 해당하지 않는 것은?

① Insert　　　② Shift　　　③ 한/영　　　④ Caps Lock　　　⑤ Num Lock

78. 이탈리아어 자유인에서 비롯된 배구 용어로, 팀 내에서 수비를 집중적으로 담당하는 선수를 지칭하는 용어는?

① 윙 스파이커　　② 세터　　③ 센터　　④ 리베로　　⑤ 서브에이스

79. 다음 용어와 모두 관련 있는 스포츠 대회는?

• 서킷	• 롤리팝	• 블로킹	• 피트인

① LPGA　　② NHL　　③ F1　　④ MLB　　⑤ UFC

80. <논리 철학 논고>, <철학 탐구> 등의 저서를 남기고, 논리 실증주의와 분석 철학 기초 확립에 지대한 영향을 미쳤다는 평가를 받는 철학자는?

① 비트겐슈타인　　　② 니체　　　　　③ 쇼펜하우어
④ 헤겔　　　　　　　⑤ 사르트르

81. 다음 중 GDP에 대해 잘못 설명한 사람은?

   ① A: 한 나라의 경제 규모와 전반적인 경제 활동 수준을 가늠하는 지표가 돼.

   ② B: 각 생산 단계에서의 부가 가치를 합산하는 방식으로 구할 수 있지.

   ③ C: 외국인의 국내 생산은 GDP를 집계할 때 제외되는 항목이야.

   ④ D: 세계화로 경제가 개방되고 있는 오늘날에는 GNP보다 유용성이 커.

   ⑤ E: 생산으로 인한 환경오염과 같은 비효율이 반영되지 않는 것이 한계로 지적돼.

82. 중앙은행이 금리를 낮춰 통화량을 늘렸음에도 불구하고 투자나 소비가 늘지 않아 경기가 활성화되지 않는 상태를 이르는 용어는?

   ① 더블딥   ② 바이플레이션   ③ 유동성 함정

   ④ 칵테일 리스크   ⑤ 스태그플레이션

83. 1990년대 미국 힙합 가수들이 자신의 부나 귀중품을 뽐내는 모습에서 유래한 것으로, 일시불로 많은 양의 돈을 쓰는 것을 과시할 때 사용하는 용어는?

   ① 플렉스   ② 스웨그   ③ 슬랭   ④ 휘게   ⑤ 케미

84. 기업이 자사 제품에 대한 고객들의 수요를 의도적으로 줄이는 마케팅 전략은?

   ① 언택트 마케팅   ② 니치 마케팅   ③ 앰부시 마케팅

   ④ 디마케팅   ⑤ 다크 넛지 마케팅

85. 소비자의 호기심을 자극하기 위하여 상품과 서비스에 대한 자세한 정보를 드러내지 않다가 점차 본 모습을 드러내는 광고 기법은?

① 시즐 광고   ② TAS 광고   ③ 키치 광고   ④ 비넷 광고   ⑤ 티저 광고

86. 다음은 무엇에 대한 설명인가?

> 감염 질환 등을 막기 위해 감염자가 발생한 의료기관을 통째로 봉쇄하는 조치를 가리킨다. 즉, 환자와 의료진 모두를 동일 집단으로 묶어 전원을 대중과 분리해 감염병 확산 위험을 줄이는 방식이다.

① 팬데믹   ② 코호트 격리   ③ 에크모 치료   ④ 음압병실   ⑤ 대증 치료

87. <살인의 추억>, <설국열차> 등을 제작하고, 2019년에 개봉한 <기생충>으로 칸영화제 황금종려상, 아카데미 시상식 감독상 등 권위 있는 국제 시상식에서 수상한 영화감독은?

① 이병헌   ② 김지운   ③ 박찬욱   ④ 임권택   ⑤ 봉준호

88. 다음 빈칸에 들어갈 절기를 순서대로 바르게 나열한 것은?

> • 24절기 중 세 번째 절기인 (　　　)은 우수와 춘분 사이에 들며, 겨울잠을 자던 벌레, 개구리 등이 깨어나 꿈틀거리기 시작하는 시기이다.
> • 24절기 중 스물두 번째 절기인 (　　　)은/는 대설과 소한 사이에 들며, 북반구에서는 일 년 중 낮이 가장 짧고 밤이 가장 긴 시기이다.

① 입춘 – 소설   ② 경칩 – 동지   ③ 경칩 – 소설
④ 청명 – 대한   ⑤ 청명 – 동지

89. 다음 빈칸에 들어갈 용어는?

> 빠른 데이터 전송 속도, 통신 지연 시간 최소화, 안정적인 대용량 데이터 전송을 특징으로 하는 (   )는 사물인터넷, 자율주행 자동차, 원격의료 등을 구현하는 핵심 인프라로 꼽힌다. 전 세계적으로 해당 기술의 상용화를 위한 치열한 경쟁이 벌어지던 가운데, 우리나라는 2018년 평창동계올림픽에서 (   ) 기술을 시범 적용해 큰 화제를 모았으며, 2019년 4월 3일 세계 최초로 상용화에 성공하였다.

① 5G   ② UHD   ③ D2D   ④ LTE-A   ⑤ Li-Fi

90. 다음 중 희곡 <파우스트>의 저자가 집필한 작품은?

① <데미안>   ② <안나 카레니나>   ③ <젊은 베르테르의 슬픔>
④ <대지>   ⑤ <이방인>

91. 다음 중 지방세에 해당하는 것은?

① 종합부동산세   ② 증여세   ③ 교육세
④ 농어촌특별세   ⑤ 자동차세

92. 다음 빈칸에 공통적으로 들어갈 지역은?

> • 1909년 일본은 안봉선 철도 부설권과 무순 탄광 채굴권을 얻는 대가로 청에 (   )의 영유권을 넘기는 협약을 불법적으로 체결하였다.
> • 1920년 봉오동 전투와 청산리 전투에서 독립군에 패배한 일본군은 이에 대한 보복으로 (   ) 일대에서 무고한 조선인을 무차별적으로 학살하였다.

① 연해주   ② 간도   ③ 이어도   ④ 독도   ⑤ 대마도

93. 다음 지문의 빈칸에 들어갈 용어를 순서대로 나열한 것은?

> 판결이 확정되기 전에 재판의 당사자가 상급법원에 하급법원의 판결에 대한 취소나 변경을 신청하는 것을 상소라고 한다. 상소는 크게 판결에 대한 불복신청과 결정이나 명령에 대한 불복신청으로 구분된다. 전자는 제1심판결에 대해 불복신청을 하는 (   )와 제2심판결에 대해 불복신청을 하는 (   )로 나누어진다. 그리고 후자는 지방법원에서 받은 결정이나 명령에 대한 이의를 상급법원에 제기하는 (   )와 결정이나 명령에 대한 이의를 대법원에 제기하는 (   )로 나누어진다.

① 항소 – 상고 – 항고 – 재항고
② 항고 – 상고 – 재항고 – 항소
③ 상고 – 항고 – 항소 – 재항고
④ 상고 – 항소 – 항고 – 재항고
⑤ 항고 – 재항고 – 상고 – 항소

94. 다음 중 각 속담과 관련 있는 현상 또는 법칙이 잘못 연결된 것은?
① 친구 따라 강남 간다 – 밴드왜건효과
② 가는 정이 있어야 오는 정이 있다 – 작용 반작용의 법칙
③ 세 살 적 버릇이 여든까지 간다 – 스놉효과
④ 가는 말에 채찍질 – 가속도의 법칙
⑤ 바다는 메워도 사람의 욕심은 못 채운다 – 희소성의 법칙

95. 구금 중인 피고인이 반성하는 모습을 보인다고 인정되면 형기 만료 전에 조건부로 구금을 해제해주는 제도는?
① 불구속 입건   ② 보석   ③ 집행유예
④ 가석방   ⑤ 기소유예

96. 다음 중 유래에 등장하는 중심인물이 '수어지교(水魚之交)'와 동일한 한자성어는?

① 괄목상대(刮目相對)　　② 삼고초려(三顧草廬)　　③ 관포지교(管鮑之交)
④ 사면초가(四面楚歌)　　⑤ 파죽지세(破竹之勢)

97. 영화 등에서 다른 작품에 대한 존경과 경의의 표시로 주요 장면이나 대사 등을 일부러 모방하거나 인용하는 것을 이르는 용어는?

① 클리셰　　② 스핀오프　　③ 오마주
④ 프리퀄　　⑤ 맥거핀

98. 남아프리카 공화국의 극단적 인종차별정책인 아파르트헤이트를 철폐한 남아프리카 공화국 최초의 흑인 대통령은?

① 넬슨 만델라　　② 맬컴 엑스　　③ 버락 오바마
④ 마틴 루터 킹　　⑤ 토니 모리슨

99. 소설 <어린 왕자>에 등장하는 거대한 나무이자, 열대에서 아열대 지역의 반사막지대에 생육하고 줄기가 뚱뚱한 것이 특징인 식물의 이름은?

① 이팝나무　　② 메타세쿼이아　　③ 유칼립투스
④ 맹그로브　　⑤ 바오바브나무

100. 다음 중 열대성저기압을 지칭하는 용어가 아닌 것은?

① 허리케인　　② 사이클론　　③ 토네이도
④ 태풍　　⑤ 윌리윌리

정답·해설 p.18

부산교통공사 실전모의고사 2회

성명

수험번호

본인응시

감독관 확인

1	①	②	③	④	⑤
2	①	②	③	④	⑤
3	①	②	③	④	⑤
4	①	②	③	④	⑤
5	①	②	③	④	⑤
6	①	②	③	④	⑤
7	①	②	③	④	⑤
8	①	②	③	④	⑤
9	①	②	③	④	⑤
10	①	②	③	④	⑤
11	①	②	③	④	⑤
12	①	②	③	④	⑤
13	①	②	③	④	⑤
14	①	②	③	④	⑤
15	①	②	③	④	⑤
16	①	②	③	④	⑤
17	①	②	③	④	⑤
18	①	②	③	④	⑤
19	①	②	③	④	⑤
20	①	②	③	④	⑤
21	①	②	③	④	⑤
22	①	②	③	④	⑤
23	①	②	③	④	⑤
24	①	②	③	④	⑤
25	①	②	③	④	⑤
26	①	②	③	④	⑤
27	①	②	③	④	⑤
28	①	②	③	④	⑤
29	①	②	③	④	⑤
30	①	②	③	④	⑤
31	①	②	③	④	⑤
32	①	②	③	④	⑤
33	①	②	③	④	⑤
34	①	②	③	④	⑤
35	①	②	③	④	⑤
36	①	②	③	④	⑤
37	①	②	③	④	⑤
38	①	②	③	④	⑤
39	①	②	③	④	⑤
40	①	②	③	④	⑤
41	①	②	③	④	⑤
42	①	②	③	④	⑤
43	①	②	③	④	⑤
44	①	②	③	④	⑤
45	①	②	③	④	⑤
46	①	②	③	④	⑤
47	①	②	③	④	⑤
48	①	②	③	④	⑤
49	①	②	③	④	⑤
50	①	②	③	④	⑤
51	①	②	③	④	⑤
52	①	②	③	④	⑤
53	①	②	③	④	⑤
54	①	②	③	④	⑤
55	①	②	③	④	⑤
56	①	②	③	④	⑤
57	①	②	③	④	⑤
58	①	②	③	④	⑤
59	①	②	③	④	⑤
60	①	②	③	④	⑤
61	①	②	③	④	⑤
62	①	②	③	④	⑤
63	①	②	③	④	⑤
64	①	②	③	④	⑤
65	①	②	③	④	⑤
66	①	②	③	④	⑤
67	①	②	③	④	⑤
68	①	②	③	④	⑤
69	①	②	③	④	⑤
70	①	②	③	④	⑤
71	①	②	③	④	⑤
72	①	②	③	④	⑤
73	①	②	③	④	⑤
74	①	②	③	④	⑤
75	①	②	③	④	⑤
76	①	②	③	④	⑤
77	①	②	③	④	⑤
78	①	②	③	④	⑤
79	①	②	③	④	⑤
80	①	②	③	④	⑤
81	①	②	③	④	⑤
82	①	②	③	④	⑤
83	①	②	③	④	⑤
84	①	②	③	④	⑤
85	①	②	③	④	⑤
86	①	②	③	④	⑤
87	①	②	③	④	⑤
88	①	②	③	④	⑤
89	①	②	③	④	⑤
90	①	②	③	④	⑤
91	①	②	③	④	⑤
92	①	②	③	④	⑤
93	①	②	③	④	⑤
94	①	②	③	④	⑤
95	①	②	③	④	⑤
96	①	②	③	④	⑤
97	①	②	③	④	⑤
98	①	②	③	④	⑤
99	①	②	③	④	⑤
100	①	②	③	④	⑤

해커스 NCS
부산교통공사
봉투모의고사

정답 · 해설

해커스공기업

부산교통공사 실전모의고사 1회

정답

01	②	의사소통	26	①	자원관리	51	①	일반상식	76	②	일반상식
02	⑤	의사소통	27	②	자원관리	52	③	일반상식	77	①	일반상식
03	④	의사소통	28	③	자원관리	53	③	일반상식	78	③	일반상식
04	④	의사소통	29	③	자원관리	54	⑤	일반상식	79	②	일반상식
05	④	의사소통	30	④	자원관리	55	④	일반상식	80	②	일반상식
06	②	문제해결	31	②	조직이해	56	①	일반상식	81	①	일반상식
07	②	수리	32	④	대인관계	57	②	일반상식	82	②	일반상식
08	⑤	수리	33	②	대인관계	58	⑤	일반상식	83	①	일반상식
09	③	수리	34	①	조직이해	59	④	일반상식	84	①	일반상식
10	③	수리	35	③	대인관계	60	③	일반상식	85	③	일반상식
11	②	수리	36	①	정보	61	②	일반상식	86	④	일반상식
12	⑤	수리	37	②	정보	62	④	일반상식	87	②	일반상식
13	②	문제해결	38	②	정보	63	②	일반상식	88	②	일반상식
14	①	문제해결	39	④	정보	64	③	일반상식	89	③	일반상식
15	②	문제해결	40	⑤	기술	65	③	일반상식	90	⑤	일반상식
16	④	수리	41	④	기술	66	⑤	일반상식	91	②	일반상식
17	⑤	문제해결	42	①	기술	67	②	일반상식	92	⑤	일반상식
18	③	문제해결	43	①	기술	68	①	일반상식	93	①	일반상식
19	③	수리	44	④	조직이해	69	④	일반상식	94	⑤	일반상식
20	④	수리	45	②	조직이해	70	③	일반상식	95	④	일반상식
21	⑤	자기개발	46	①	조직이해	71	①	일반상식	96	②	일반상식
22	③	자기개발	47	④	조직이해	72	③	일반상식	97	⑤	일반상식
23	②	자기개발	48	②	직업윤리	73	④	일반상식	98	③	일반상식
24	③	자원관리	49	④	직업윤리	74	④	일반상식	99	②	일반상식
25	②	자원관리	50	③	직업윤리	75	③	일반상식	100	⑤	일반상식

실력점검표

실력점검표를 작성해 보면서 문제 풀이 실력을 점검해 보세요. 틀린 문제와 풀지 못한 문제를 다시 한번 풀어보면서 실력을 향상시키세요.

맞힌 문제 수	제한 시간 내에 푼 문제 수	틀린 문제 번호	풀지 못한 문제 번호
/100	/100		

해설

01 의사소통능력 문제 정답 ②

나) ⓒ은 정상적인 상태와 다르다는 의미의 '異常(다를 이, 항상 상)'
으로 표기해야 하므로 적절하지 않다.
- 理想(다스릴 이, 생각 상): 생각할 수 있는 범위 안에서 가장 완
전하다고 여겨지는 상태

라) ⓜ의 '上'은 '그것과 관계된 입장' 또는 '그것에 따름'이라는 의미
의 접미사로 사용되어 앞말과 붙여 써야 하므로 적절하지 않다.

따라서 ㉠~ⓜ에 대한 설명으로 적절하지 않은 것은 '2개'이다.

오답 체크

가) ㉠은 '遵守(좇을 준, 지킬 수)', ⓒ은 '補修(기울 보, 고칠 수)'로 표기
하여 '수'는 각각 다른 한자를 사용하므로 적절하다.

다) ㉣과 행동이나 일을 하도록 허용한다는 의미의 '許可(허락할 허, 허
락할 가)'는 유의 관계에 있는 단어이므로 적절하다.

마) ㉤은 '步行(걸음 보, 다닐 행)', ㉥은 '通行(통할 통, 다닐 행)'으로 표
기하여 '행'은 동일하게 '行'으로 적으므로 적절하다.

바) ⓞ이 있는 문장에서 부득이하게 선로를 통행할 때는 열차의 진행 방
향과 맞보는 방향으로 보행해야 한다고 하였으므로 적절하다.

02 의사소통능력 문제 정답 ⑤

김 대리는 박 팀장이 언급한 내용에 대해 동의하면서 추가 정보를 요
구하고 있으므로, 자신의 경험을 바탕으로 상대방이 언급한 정보에
대해 동의하고 있음을 나타내고 있다고 보기 어렵다.

03 의사소통능력 문제 정답 ④

제시된 안내문의 응모 방법에서 사진 촬영 기기에는 제한이 없으나
파일 용량이 15MB 이내라는 조건을 만족해야 한다고 하였으므로
사진 작품의 촬영 기기에는 제한이 없지만 그 용량이 15MB를 초과
하지 않도록 주의해야 함을 알 수 있다.

오답 체크

① 응모 자격에서 개인 또는 4명 이하로 구성된 팀 단위로 응모할 수 있
다고 하였으므로 적절하지 않다.

② 응모 방법에서 ○○도시철도 홈페이지의 사진 공모전 게시판에서 신
청서와 함께 작품 사진을 첨부하여 제출해야 한다고 하였으므로 적
절하지 않다.

③ 응모 일정에서 수상자에게는 별도의 연락을 통해 시상을 안내한다고
하였으므로 적절하지 않다.

⑤ 응모 주제에서 두 가지 주제에 중복 지원이 가능하다고 하였으므로
적절하지 않다.

04 의사소통능력 문제 정답 ④

나리: 상대의 말을 그대로 받아들이지 않고 자신의 생각과 동일한 단
서를 찾아 자신의 의견을 확인하는 것은 '짐작하기'이며, 올바
른 경청을 방해하는 요인이므로 적절하지 않다.

라경: 사적인 대화가 이어지거나 위협적인 상황이 발생할 때 농담으
로 넘기거나 주제를 바꾸는 것은 '슬쩍 넘어가기'이며, 올바른
경청을 방해하는 요인이므로 적절하지 않다.

마음: 상대를 위로하거나 비위를 맞추고자 상대의 말에 너무 빨리
동의하는 것은 '비위 맞추기'이며, 올바른 경청을 방해하는 요
인이므로 적절하지 않다.

따라서 효과적인 경청방법에 대해 틀린 내용을 이야기한 사람은 '나
리, 라경, 마음'이다.

오답 체크

가준: 올바른 경청을 위해 강의 주제나 강의 용어에 익숙해질 수 있도록
관련 자료를 미리 읽는 것은 효과적인 경청방법이므로 적절하다.

다혁: 질문에 대한 답이 즉시 이루어지지 않더라도 질문을 하는 것은 적
극적으로 경청함과 동시에 집중력도 높아지는 효과적인 경청방법
이므로 적절하다.

05 의사소통능력 문제 정답 ④

빈칸 앞에서는 개기월식이 항상 다른 현상과 함께 발생한다는 것에
대한 내용을 말하고 있고, 빈칸 뒤에서는 블러드문처럼 명칭이 색과
관련된 블루문에 대한 내용을 말하고 있다.

따라서 빈칸에서는 블러드문에 대한 내용이 제시되어야 하며, <보
기>의 ㉠~ⓜ은 'ⓜ 개기월식과 함께 일어나는 대표적 현상인 블러
드문 → ㉣ 블러드문의 발생 원인과 관련된 레일리 산란 → ㉡ 파장
이 긴 적색광이 더 적게 산란하여 더 멀리 도달하는 레일리 산란 →
㉠ 적색광이 더 많이 도달하여 붉게 보이는 대표적 사례인 일몰 →
㉢ 지구의 대기를 통과하며 산란이 덜 된 적색광만 달에 도달하여
발생하는 블러드문 현상' 순으로 연결되어야 한다.

06 문제해결능력 문제 정답 ②

㉠ 원인과 결과를 분명하게 구분할 수 있는 '단순한 인과관계'에 해
당한다.

㉡ 원인과 결과를 구분하기 어려운 경우를 의미하는 '닭과 계란의
인과관계'에 해당한다.

07 수리능력 문제   정답 ②

도수분포표에서의 평균 = $\frac{(계급값 \times 도수)의 \, 총합}{도수의 \, 총합}$ 임을 적용하여 구한다.

이때, 계급값은 각 계급의 양 끝값의 합을 2로 나눈 값이고, 도수는 각 계급에 속하는 변량의 수이다.

따라서 서비스 만족도 평가 점수의 평균값은
$\frac{(12.5 \times 20) + (37.5 \times 60) + (62.5 \times 80) + (87.5 \times 40)}{200} = 55$점이다.

08 수리능력 문제   정답 ⑤

제시된 식에서 연산 ■에 적용되는 규칙은 다음과 같이 $a■b = a^2 \div b$이다.

$10■5 = 10^2 \div 5 = 20$
$8■32 = 8^2 \div 32 = 2$
$15■9 = 15^2 \div 9 = 25$
$6■12 = 6^2 \div 12 = 3$

따라서 $21■7$을 계산한 값은 $21^2 \div 7 = 63$이다.

09 수리능력 문제   정답 ③

단리 상품 만기 시 받는 이자는 원금 × (이자율 × 기간)임을 적용하여 구한다.

영수가 입금한 금액은 100만 원이고, 연 이자율은 4%이므로 2년 동안 발생한 이자는 $100 \times (0.04 \times 2) = 8$만 원이다. 이때 이자의 12%가 과세되므로 부과해야 할 세금은 $8 \times 0.12 = 0.96$만 원 = 9,600원이다.

따라서 2년 만기 후 영수가 받는 금액은 $1,000,000 + 80,000 - 9,600 = 1,070,400$원이다.

10 수리능력 문제   정답 ③

1유로당 위안화의 환율 = $\frac{1유로당 \, 원화의 \, 환율}{1위안당 \, 원화의 \, 환율}$ 임을 적용하여 구한다.

현재 1유로당 원화의 환율은 1,328원, 1위안당 원화의 환율은 177원이므로 같은 시각 1유로당 위안화의 환율은 $\frac{1,328}{177} = 7.5$위안이다.

따라서 15유로를 위안으로 환전받은 금액은 $15 \times 7.5 = 112.5$위안이다.

11 수리능력 문제   정답 ②

광주의 2018년 농가 1호당 평균 화훼 판매량은 $7,889 / 36 = 219$천 본으로 가장 많으므로 적절하지 않다.

[오답 체크]

① 대전의 2017년 농가 1호당 평균 화훼 판매량이 $2,303 / 34 = 68$천 본으로 가장 많으므로 적절하다.

③ 인천의 2016년 농가 1호당 평균 화훼 판매량이 $7,502 / 49 = 153$천 본으로 가장 많으므로 적절하다.

④ 부산의 2018년 농가 1호당 평균 화훼 판매량이 $50,901 / 320 = 159$천 본으로 가장 많으므로 적절하다.

⑤ 울산의 2018년 농가 1호당 평균 화훼 판매량이 $920 / 24 = 38$천 본으로 가장 많으므로 적절하다.

12 수리능력 문제   정답 ⑤

2018년 부산광역시의 크루즈 방문객 수가 많은 연령부터 나열하면 70세 이상, 60대, 30대, 20대, 40대, 50대, 19세 이하 순이므로 가장 적절한 설명이다.

[오답 체크]

① 2019년 부산광역시의 전체 크루즈 방문객 중 30대가 차지하는 비중은 $(39,535 / 271,840) \times 100 = 14.5\%$이므로 적절하지 않은 설명이다.

② 2016년 부산광역시 크루즈의 60세 이상 방문객 수는 $142,892 + 91,266 = 234,158$명이므로 적절하지 않은 설명이다.

③ 부산광역시 크루즈의 20대 방문객 수는 2016년에 85,123명으로 가장 많았으므로 적절하지 않은 설명이다.

④ 2017년 부산광역시 크루즈의 50대 방문객 수의 전년 대비 감소율은 $\{(111,499 - 33,481) / 111,499\} \times 100 = 70.0\%$이므로 적절하지 않은 설명이다.

13 문제해결능력 문제   정답 ②

제시된 조건에 따르면 세 팀의 직원 수는 서로 다르므로 세 팀은 각각 3명, 2명, 1명이고, 인사팀 직원 수가 가장 많으므로 인사팀이 3명이며, 영업팀 직원들은 연속해서 출근하지 않았다고 했으므로 영업팀이 2명, 기획팀이 1명이다.

이때, D는 기획팀이고, A보다 바로 먼저 출근했으므로 D, A의 순서로 출근했다. 또한, F보다 늦게 출근한 직원은 2명이고 각각 기획팀, 인사팀이라고 했으므로 F가 네 번째로 출근하여 F, D, A의 순서로 출근했으며, A는 인사팀임을 알 수 있다. 이때, 6명 중 가장 먼저 출근한 직원은 인사팀이고, 영업팀 직원들은 연속해서 출근하지 않았으므로 영업팀은 두 번째, 네 번째로 출근했고, 세 번째로 출근한 직원은 인사팀이다. 마지막으로 C와 E는 서로 같은 팀에 소속되어 있으므로 C와 E는 각각 첫 번째 또는 세 번째로 출근했다.

순서	첫 번째	두 번째	세 번째	네 번째	다섯 번째	여섯 번째
팀	인사팀	영업팀	인사팀	영업팀	기획팀	인사팀
직원	C 또는 E	B	C 또는 E	F	D	A

따라서 B는 두 번째로 출근했으므로 항상 옳은 설명이다.

오답 체크

① C는 E보다 먼저 출근할 수도 있으므로 항상 옳은 설명은 아니다.

③ C는 인사팀이므로 항상 옳지 않은 설명이다.

④ A와 E는 둘 다 인사팀이므로 항상 옳지 않은 설명이다.

⑤ F는 B보다 늦게 출근했으므로 항상 옳지 않은 설명이다.

14 문제해결능력 문제 정답 ①

제시된 내용은 '브레인스토밍'에 대한 설명이다.

오답 체크

② 속성열거법 : 문제의 대상 또는 아이디어의 다양한 속성을 목록으로 작성하는 방법

③ NM법 : 해결이 필요한 문제 대상과 유사한 것을 찾아내고 이를 토대로 이미지를 확대하여 새로운 아이디어를 고안하는 방법

④ 시네틱스(Synectics) : 서로 연관이 없어 보이는 대상들을 조합하여 새로운 아이디어를 고안하는 방법

⑤ 희망점열거법 : 개선하려는 대상에 관한 희망사항을 나열하고 실현을 추구하며 아이디어를 고안하는 방법

15 문제해결능력 문제 정답 ②

두 번째 명제의 '대우'와 세 번째 명제의 '대우'를 차례로 결합하면 다음과 같다.

· 두 번째 명제(대우) : 오이를 먹는 사람은 수박도 먹고 멜론도 먹는다.

· 세 번째 명제(대우) : 멜론을 먹는 사람은 사과를 먹지 못한다.

· 결론 : 오이를 먹는 사람은 사과를 먹지 못한다.

16 수리능력 문제 정답 ④

2017년 장애인 무임승차 비용은 전년 대비 {(19,843−18,446)/18,446} × 100 ≒ 7.6% 증가하였으므로 가장 적절하지 않은 설명이다.

오답 체크

① 2017년 이후 무임승차 인원의 전년 대비 증감 추이는 장애인이 2017년에 증가, 2018년에 감소하고, 국가유공자가 2017년에 감소, 2018년에 증가하므로 적절한 설명이다.

② 2016년 대비 2017년 노인 무임승차 비용의 증가액 103,710−91,450=12,260백만 원과 2017년 대비 2018년 노인 무임승차 비용의 증가액 109,126−103,710=5,416백만 원의 차이는 12,260−5,416=6,844백만 원이므로 적절한 설명이다.

③ 2018년 전체 무임승차 인원은 2016년 대비 95,673−87,557=8,116천 명 증가하였으므로 적절한 설명이다.

⑤ 2018년 노인 무임승차 인원 79,920천 명은 같은 해 국가유공자 무임승차 인원 1,036천 명의 79,920/1,036 ≒ 77.1배이므로 적절한 설명이다.

17 문제해결능력 문제 정답 ⑤

제시된 조건에 따르면 전산관리팀은 B동 4층 사무실을 사용하며 전산관리팀과 같은 층을 사용하는 팀은 없으므로 A동 4층 사무실은 어떤 팀도 사용하지 않는다. 또한, 기획 1팀과 기획 2팀은 같은 층 사무실을 사용하고 기획 2팀은 영업팀보다 위에 위치한 사무실을 사용하며 영업팀 바로 위에 위치한 사무실은 인사팀이 사용하므로 기획 1팀과 기획 2팀은 3층, 영업팀은 1층, 인사팀은 2층 사무실을 사용한다. 이때 전략개발팀 바로 아래에 위치한 사무실은 어떤 팀도 사용하지 않으므로 전략개발팀은 2층 사무실을 사용한다. 이에 따라 팀별 사무실 위치로 가능한 경우는 다음과 같다.

[경우 1] 전략개발팀이 A동 2층 사무실을 사용하는 경우

구분	A동	B동
4층	×	전산관리팀
3층	기획 1팀 또는 기획 2팀	기획 1팀 또는 기획 2팀
2층	전략개발팀	인사팀
1층	×	영업팀

[경우 2] 전략개발팀이 B동 2층 사무실을 사용하는 경우

구분	A동	B동
4층	×	전산관리팀
3층	기획 1팀 또는 기획 2팀	기획 1팀 또는 기획 2팀
2층	인사팀	전략개발팀
1층	영업팀	×

따라서 어떠한 경우에도 전략개발팀과 인사팀은 모두 2층 사무실을 사용하므로 항상 옳은 설명이다.

오답 체크

① 기획 1팀이 B동 3층 사무실을 사용하는 경우, 전산관리팀과 같은 동 사무실을 사용할 수 있으므로 항상 옳은 설명은 아니다.

② 전략개발팀이 B동 2층 사무실을 사용하는 경우, A동 사무실을 사용하는 팀은 3개일 수 있으므로 항상 옳은 설명은 아니다.

③ 어떠한 경우에도 영업팀과 전략개발팀은 다른 동 사무실을 사용하므로 항상 옳지 않은 설명이다.

④ 전략개발팀이 A동 2층 사무실을 사용하는 경우, B동 1층 사무실은 영업팀이 사용할 수 있으므로 항상 옳은 설명은 아니다.

18 문제해결능력 문제   정답 ③

게임을 2회 진행하였을 때, 결과는 다음과 같다.

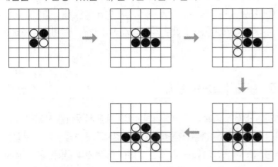

따라서 나올 수 있는 결과로 적절하지 않은 것은 ③이다.

오답 체크

중앙에 배치되어 있는 돌을 제외하고 각 위치를 숫자 1~32로 변경하면 아래와 같다.

1	2	3	4	5	6
7	8	9	10	11	12
13	14	○	●	15	16
17	18	●	○	19	20
21	22	23	24	25	26
27	28	29	30	31	32

① 9번(검은색 돌) → 18번(흰색 돌) → 24번(검은색 돌) → 11번(흰색 돌) 순으로 두었을 때의 결과이다.
② 14번(검은색 돌) → 18번(흰색 돌) → 22번(검은색 돌) → 17번(흰색 돌) 순으로 두었을 때의 결과이다.
④ 19번(검은색 돌) → 25번(흰색 돌) → 24번(검은색 돌) → 23번(흰색 돌) 순으로 두었을 때의 결과이다.
⑤ 9번(검은색 돌) → 10번(흰색 돌) → 11번(검은색 돌) → 8번(흰색 돌) 순으로 두었을 때의 결과이다.

19 수리능력 문제   정답 ③

제시된 네 자리의 암호에서 첫 번째 자리는 0의 개수를, 두 번째 자리는 1의 개수를, 세 번째 자리는 0과 1의 전체 개수를, 네 번째 자리는 가장 오른쪽 숫자를 의미한다. 이에 따라 '01010'을 암호로 나타내면 다음과 같다.

첫 번째 자리	두 번째 자리	세 번째 자리	네 번째 자리
0의 개수	1의 개수	0과 1의 전체 개수	가장 오른쪽 숫자
3	2	5	0

따라서 암호로 나타낸 것은 '3250'이다.

20 수리능력 문제   정답 ④

1년 동안 지불총액은 보증금과 12개월분의 월세의 합이다.
A : 4,000 + (30 × 12) = 4,360만 원
B : 3,900 + (50 × 12) = 4,500만 원
C : 4,000 + (40 × 12) = 4,480만 원
D : 3,800 + (40 × 12) = 4,280만 원
E : 3,700 + (60 × 12) = 4,420만 원
따라서 D의 1년 동안 지불총액이 가장 적다.

21 자기개발능력 문제   정답 ⑤

제시된 글에서 설명하고 있는 A씨의 직업성격유형은 계획이나 매뉴얼 등 관습적인 업무를 선호하며, 아이디어를 기획하고 타부서와 협업하는 등 상상력과 대인 능력이 필요한 업무를 선호하지 않는 '관습형(C)'에 해당한다.

🔍 더 알아보기

홀랜드(Holland)의 직업성격유형

실재형 (Realistic)	· 신체활동과 기계 · 기술을 다루는 행위 등 실재적인 능력을 요구하는 직업과 활동을 선호하며, 사회적 · 교육적 재능을 요구하는 일을 비선호함 · 실질적인 가치와 사고를 선호하며, 다양한 흥미를 갖지 않음
탐구형 (Investigative)	· 생물학자, 의사 등 과학적이고 탐구적인 직업과 활동을 선호하며, 사회성을 요구하는 일을 비선호함 · 지적 호기심이 많고 분석적 · 합리적 · 논리적이며, 자유로운 목표와 가치를 바탕으로 다양한 분야에 관심을 가지고 새로운 아이디어나 경험에 개방적인 태도를 보임
예술형 (Artistic)	· 예술적 능력이 뛰어나고 예술적인 직업과 활동을 선호하며, 관습적인 일을 비선호함 · 상상력과 감수성이 풍부하고 창의적이며, 여섯 가지 성격유형 중 가장 자유분방하고 개방적임
사회형 (Social)	· 교사, 상담가 등 사회성이 필요한 직업과 활동을 선호하며, 실재적인 일을 비선호함 · 사회적 · 봉사적 가치를 중시하며, 논리적 · 지적 · 자극적인 일은 좋아하지 않음
기업형 (Enterprising)	· 경영인, 판매원 등 기업적인 직업과 활동을 선호하며, 탐구적인 일을 비선호함 · 사업이나 경제 관련 분야에서의 성취나 타인을 통제하는 능력을 중시하며, 타인을 돕거나 봉사하는 일은 중요하게 여기지 않음

관습형 (Conventional)	• 회계사, 은행원 등 관습적인 직업과 활동을 선호하며, 상상력, 대인 능력, 예술적 재능을 요구하는 일을 비선호함 • 책임감이 강하고 계획에 따라 행동하는 것을 좋아하며 사무 능력과 계산 능력이 뛰어나지만 변화를 반기지 않음

22 자기개발능력 문제 　　　　　　정답 ③

㉠ 월급의 대부분을 필수 생활비로 사용하기 때문에 영어 회화 학원에 등록하지 못하는 것은 자아실현의 욕구보다 두려움이나 혼란이 아닌 평정과 질서를 유지하려는 신체적·경제적·정서적 안정을 추구한 것이므로 '안전의 욕구'에 해당한다.

㉡ 가족과의 시간을 보내기 위해 엑셀 수업을 듣기를 포기하는 것은 자아실현의 욕구보다 사회 집단과의 상호작용을 통한 원활한 인간관계 유지를 추구한 것이므로 '사회적 욕구'에 해당한다.

따라서 ㉠, ㉡에 나타난 욕구를 순서대로 바르게 나열하면 '안전의 욕구 – 사회적 욕구'가 된다.

23 자기개발능력 문제 　　　　　　정답 ②

공간 지능은 그림이나, 지도 등 공간과 관련한 상징을 습득하는 능력으로 이 부분이 두드러진 대표적인 인물로는 피카소, 가우디 등이 있으며, 셰익스피어와 오프라 윈프리는 말이나 글을 사용하고 표현하는 언어 지능이 두드러진 대표적인 인물이다.

24 자원관리능력 문제 　　　　　　정답 ③

A는 중요하면서 긴급한 일로 기간이 정해진 프로젝트나 회의 등이 포함되므로 ㉡이 이에 해당하고, C는 중요하지는 않지만 긴급한 일로 잠깐의 급한 업무나 불필요한 보고 등이 포함되므로 ㉣이 이에 해당한다. B는 중요하지만 긴급하지 않은 일로 중장기적인 계획이나 삶의 가치관 및 비전 확립 등이 포함되므로 ㉢이 이에 해당하고, D는 중요한 일을 회피하기 위한 활동으로 소일거리나 인터넷 게임 등이 포함되므로 ㉠이 이에 해당한다.

따라서 '㉡ – ㉣ – ㉢ – ㉠' 순서로 업무를 처리해야 한다.

25 자원관리능력 문제 　　　　　　정답 ②

우선순위를 고려하여 여러 일 중에 어느 일을 먼저 처리할 것인지 결정하는 것은 시간 낭비 요인이 아닌 올바른 시간 관리 방법이다.

오답 체크

㉠ 일이 밀릴 경우 어디에 어떻게 시간을 사용하고 있는지 행동과 시간, 시간 관리 저해 요인을 분석해야 하므로 시간 낭비 요인이다.

㉢ 체크리스트나 스케줄 표 등을 사용하여 전체 상황을 파악하여 시간 관리를 해야 하므로 시간 낭비 요인이다.

㉣ 회사 내의 모든 일을 본인이 할 수 없으며 적절한 협업과 위임이 필요하므로 시간 낭비 요인이다.

㉤ 회의에 참석할 때는 충분히 준비를 한 상태로 참석하여 중요한 사항을 빠르게 결정할 수 있도록 해야 하므로 시간 낭비 요인이다.

26 자원관리능력 문제 　　　　　　정답 ①

김 사원은 사원 개개인의 적성과 흥미, 팀의 인력 등을 종합적으로 적용하지만 신입사원이 흥미를 가지고 있더라도 성격과 능력이 안 맞는다고 판단될 경우, 팀의 효율성을 높이기 위해 신입사원의 성격이나 능력이 가장 적합한 부서에 배치하고자 한다.

따라서 김 사원이 적용하고자 하는 인력 배치의 원칙은 팀의 효율성을 높이기 위해 팀원의 성격이나 능력 등과 가장 적합한 위치에 배치하여 능력을 최대로 발휘할 수 있도록 하는 '적재적소주의'이다.

오답 체크

② 능력주의는 개인에게 능력을 발휘할 수 있는 기회와 장소를 부여하고, 그 성과를 바르게 평가하며, 평가된 능력과 실적에 대해 그에 상응하는 보상을 주는 원칙이므로 적절하지 않다.

③ 균형주의는 전체와 개체가 균형을 이룰 수 있도록 모든 팀원에 대해 평등한 적재적소를 고려하는 원칙이므로 적절하지 않다.

④ 단결의 원칙은 직장 내에서 구성원들이 소외감을 갖지 않도록 배려하고, 서로 유대감을 가지고 협동, 단결하는 체제를 이루도록 해야 한다는 인적자원관리 원칙이므로 적절하지 않다.

⑤ 종업원 안정의 원칙은 근로자가 직장에서 신분이 보장되고 계속해서 근무할 수 있다는 믿음을 갖게 하여 안정된 직장생활을 할 수 있도록 해야 한다는 인적자원관리 원칙이므로 적절하지 않다.

27 자원관리능력 문제 　　　　　　정답 ②

제시된 [선호 순위 조사 결과]와 [소모임 활동 선정 과정]에 따라 활동별 1순위 응답자 수의 합은 장기가 16+7=23명, 바둑이 13명, 체스가 11+8=19명, 오목이 10명이므로 응답자 수의 합이 많은 상위 두 가지 활동은 장기와 체스가 된다. 장기와 체스에 한해서만 각 집단의 선호 순위를 확인하면, 집단 1은 1순위인 장기를, 집단 2는 2순위인 체스를, 집단 3은 1순위인 체스를, 집단 4는 2순위인 장기를, 집단 5는 1순위인 체스를, 집단 6은 1순위인 장기를 선호하므로 이에 따른 응답자 수의 합은 장기가 16+10+7=33명, 체스가 13+11+8=32명이고, 응답자 수의 합이 더 많은 활동은 장기가 된다.

따라서 장 사원이 창의력 발달을 위해 소모임으로 선정할 활동은 '장기'이다.

[28-29]

제시된 조건에 따르면 최 사원이 사무실에서 출발하여 3개 역의 조사를 모두 마치고 사무실로 돌아오는 경로는 다음과 같다.

	경로	이동 거리(km)
1	사무실 → A역 → B역 → C역 → 사무실	7+9+12+8=36
2	사무실 → A역 → C역 → B역 → 사무실	7+10+12+13=42
3	사무실 → B역 → A역 → C역 → 사무실	13+9+10+8=40
4	사무실 → B역 → C역 → A역 → 사무실	13+12+10+7=42
5	사무실 → C역 → A역 → B역 → 사무실	8+10+9+13=40
6	사무실 → C역 → B역 → A역 → 사무실	8+12+9+7=36

28 자원관리능력 문제　　　　　정답 ③

최 사원이 최단 거리로 이동한 경우는 6개의 경로 중 경로 1과 경로 6에 해당하며, 이때의 총 이동 거리는 '36km'이다.

29 자원관리능력 문제　　　　　정답 ③

최 사원이 B역 → C역 → A역 순으로 조사를 마치는 경우는 6개의 경로 중 경로 4에 해당하며, 이때의 이동 거리는 42km이다. 차량 연비는 1.2km/L이고 연료 가격은 1,400원/L이므로 소요되는 유류비는 $42km \times \frac{1,400원/L}{1.2km/L} = 49,000$원이다.

30 자원관리능력 문제　　　　　정답 ④

창고관리 인수인계 자료를 통해 물품의 입·출하 빈도가 높은 품목부터 출입구에서 가까운 곳에 배치함을 알 수 있다.
매년 체육대회에 사용하는 현수막은 1년에 1번 사용하여 입·출하 빈도가 낮은 물품으로 출입구에서 가깝지 않은 곳에 배치하고 출입구와 가까운 곳에는 입·출하 빈도가 높은 품목을 배치해야 하므로 가장 적절하지 않다.

오답 체크
① 같은 품종은 같은 장소에 배치해야 하므로 비품별 지정석을 마련하여 같은 장소에 보관하는 것은 적절하다.
② 물품의 활용 빈도가 상대적으로 높은 것은 가져다 쓰기 쉬운 위치에 배치해야 하므로 비품을 옮기는 데 이용되는 핸드카를 가져다 쓰기 쉬운 위치에 배치하는 것은 적절하다.
③ 유사품은 인접한 장소에 배치해야 하므로 A4용지와 B4용지 등 지류를 인접한 장소에 배치하는 것은 적절하다.
⑤ 물품의 재질 등 물품 특성을 반영하여 배치해야 하므로 깨지기 쉬운 유리컵을 따로 보관하는 것은 적절하다.

31 조직이해능력 문제　　　　　정답 ②

국내 시장에서 팔고 있는 기존 제품인 초콜릿 과자를 신시장인 중국 시장에 판매하는 시장개발 전략에 해당하므로 옳은 설명이다.

오답 체크
①은 시장침투 전략, ③, ⑤는 다각화 전략, ④는 제품개발 전략에 해당하는 사례이다.

32 대인관계능력 문제　　　　　정답 ④

김 대리와 이 사원은 서로 협력하여 일을 진행해야 함에도 불구하고 업무가 늦어진 것에 대한 책임을 서로 미루는 등 적대감과 갈등을 보이고 있다.

33 대인관계능력 문제　　　　　정답 ②

㉠에는 '상호 이해', ㉡에는 '실질 이해', ㉢에는 '해결 대안'이 들어간다.

34 조직이해능력 문제　　　　　정답 ①

경영의 구성요소는 경영목표, 경영전략, 인적자원, 자본 네 가지이므로 ①은 적절하지 않다.

35 대인관계능력 문제　　　　　정답 ③

제시된 대화에서 상담사는 김 팀장과 김 사원의 의사소통 문제를 해결하기 위해 나를 주어로 하여 상대의 행동에 대한 자신의 감정을 전달하고 그 행동이 어떠한 영향을 미치는지 설명하는 '나 전달법'을 권하고 있다.
따라서 김 사원이 발생시킨 문제로 김 팀장이 불안한 감정을 느끼고 팀에 불화가 생길 수 있다는 영향을 설명하는 ③이 가장 적절하다.

🔍 더 알아보기
· 나 전달법(I-message): 효과적으로 타인에게 자신의 감정과 생각을 표현하는 방법으로, 상대의 감정을 상하지 않게 하면서 자신의 욕구를 표현하여 상대방 스스로 행동을 수정할 수 있도록 유도하는 표현 기법
· 나 전달법(I-message)의 3요소
  – 받아들일 수 없는 행동에 대한 비난이나 비평 없는 서술
  – 그 행동이 자신에게 미치는 구체적인 영향
  – 구체적인 영향에 대한 자신의 감정과 느낌

36 정보능력 문제　　　　　　　정답 ①

귀하는 면담 진행 여부를 확인하기 위해 면담을 완료한 팀원의 이름이 입력된 셀 옆에 모두 '완료'라는 데이터를 입력해야 하므로 지정한 범위 내의 셀에 동일한 데이터를 입력할 때 사용하는 단축키인 'Ctrl+Enter'가 가장 적절하다.

오답 체크

② Ctrl+Home: 셀 포인터를 [A1] 셀로 이동
③ Ctrl+F6: 다음 통합문서로 이동
④ Alt+Enter: 텍스트 줄 바꿈
⑤ Alt+F4: 종료

37 정보능력 문제　　　　　　　정답 ②

정 대표는 시간에 따른 고객의 재구매율 및 비구매율을 바탕으로 구매 변동 추이를 예측하여 마케팅 전략을 수립할 예정이므로 정 대표가 사용한 분석 방법은 과거에 일어난 사건들의 확률을 통해 미래를 예측하는 '마르코프 분석'이다.

오답 체크

① ABC 분석: 관리 대상을 A, B, C그룹으로 분류한 후 우선적으로 A그룹을 중점적으로 관리함으로써 효과를 높이려는 분석 방법
③ 회귀분석: 원인이 되는 독립변수가 변화함에 따라 결과가 되는 종속변수가 얼마나 변화하는지 예측하여 독립변수와 종속변수 간의 관계를 검증하기 위한 분석 방법
④ 간트 차트: 프로젝트 일정 관리를 위한 막대 형태의 도표로, 계획과 실적을 한눈에 파악할 수 있는 분석 방법
⑤ Z 차트: 월별 실적, 누계 실적, 이동 합계 실적 등 세 가지 요소를 하나의 차트에 꺾은선그래프로 나타낸 것으로, 데이터의 단기적 추이와 장기적 추이를 한눈에 파악할 수 있는 분석 방법

38 정보능력 문제　　　　　　　정답 ②

빈칸에는 불특정 다수에게 메일을 발송하여 위장된 홈페이지로 접속하도록 유도한 후 금융정보를 빼내는 사기 수법인 '피싱(Phishing)'이 들어간다.

오답 체크

① 파밍(Pharming): PC를 악성코드에 감염시켜 이용자가 금융회사 등의 정상적인 홈페이지 주소로 접속을 하더라도 피싱 사이트로 유도하여 금융거래정보 등을 몰래 빼가는 수법
③ 메모리 해킹(Memory hacking): 피해자 PC 메모리에 상주한 악성코드로 인하여 정상 은행사이트에서 보안카드 번호 앞·뒤 2자리만 입력해도 부당 인출하는 수법
④ 보이스피싱(Voice phishing): 전화를 통해 신용카드 번호 등의 개인정보를 알아낸 뒤, 이를 범죄에 이용하는 전화 금융사기 수법

⑤ 스니핑(Sniffing): 컴퓨터 네트워크상에 흘러 다니는 트래픽을 엿듣는 스니퍼 장치를 이용하여 네트워크상의 데이터를 도청하는 행위

39 정보능력 문제　　　　　　　정답 ④

제시된 사례를 5W2H 원칙에 따라 분석하면 다음과 같다.

구분	의미	사례
WHAT (무엇을)	정보 대상의 명확화	어린이와 부모들이 선호하는 체험 학습의 유형, 할애할 수 있는 시간, 지불할 수 있는 비용 등
WHERE (어디에서)	정보의 원천 파악	기존 행사 후기 설문 DB, 설문 조사 결과
WHEN (언제까지)	정보의 요구 및 수집 시점 고려	이번 주
WHY (왜)	정보의 필요 목적 염두	기획안을 제출해야 하기 때문에
WHO (누가)	정보 활동의 주체	A
HOW (어떻게)	정보의 수집방법 검토	B에게 자료 요청, 설문 조사
HOW MUCH (얼마나)	정보의 생산과 수집에 드는 비용	설문지 개발 및 배포 비용 등

WHO는 정보 활동의 주체를 의미하는 것이므로 'A'가 되는 것이 적절하다.

40 기술능력 문제　　　　　　　정답 ⑤

외부에서 진행되는 강습회나 강연회에 참석하는 것은 업무를 중단하고 직장 밖에서 집합적으로 실시하는 교육훈련인 Off-JT에 해당하므로 적절하지 않은 설명이다.

41 기술능력 문제　　　　　　　정답 ④

㉠에는 '혁신적인 진보', ㉡에는 '챔피언', ㉢에는 '아이디어 실현', ㉣에는 '리더십 발휘', ㉤에는 '정보 수문장', ㉥에는 '혁신에 대한 격려와 안내'가 들어간다.

42 기술능력 문제　　　　　　　정답 ①

㉠은 충분히 훈련되지 않은 상태로 업무를 하다가 산업재해가 발생한 경우이므로 '교육적 원인'에 해당한다.

㉡은 기계 불량이 원인이 되어 산업재해가 발생한 경우이므로 '기술적 원인'에 해당한다.

㉢은 부적합한 사람에게 작업을 지시하여 산업재해가 발생한 경우이므로 '작업 관리상 원인'에 해당한다.

따라서 ㉠~㉢ 사례에서 확인할 수 있는 산업재해의 기본적인 원인을 순서대로 바르게 나열하면 '교육적 원인 – 기술적 원인 – 작업 관리상 원인'이 된다.

🔍 더 알아보기

산업재해의 기본적인 원인

교육적 원인	안전 지식의 불충분, 안전 수칙의 오해, 경험 또는 훈련의 불충분, 작업관리자의 작업 방법에 대한 교육 불충분, 유해 위험 작업의 교육 불충분 등
기술적 원인	건물 및 기계 장치의 설계 불량, 구조물의 불안정, 재료의 부적합, 생산 공정의 부적당, 점검·정비·보존의 불량 등
작업 관리상 원인	안전 관리 조직의 결함, 안전 수칙 미제정, 작업 준비 불충분, 인원 배치 및 작업 지시 부적당 등

43 기술능력 문제　　　　　정답 ①

모두 옳은 내용을 말하고 있으므로 지식재산권에 대해 잘못 이해하고 있는 사람은 '0명'이다.

44 조직이해능력 문제　　　　　정답 ④

PB 상품에 대한 마케팅을 강화하는 것은 PB 상품에 대한 소비자의 인지도가 낮다는 약점을 최소화하고 오프라인 마트를 인수하는 대형 이커머스 업체 대비 가격 경쟁력을 높임으로써 위협을 회피하는 'WT(약점-위협) 전략'에 해당한다.

오답 체크
① 약점을 보완하며 시장의 기회를 활용하는 'WO(약점-기회) 전략'에 해당한다.
② 시장의 위협을 회피하기 위해 강점을 활용하는 'ST(강점-위협) 전략'에 해당한다.
③ 시장의 기회를 활용하기 위해 강점을 적극 활용하는 'SO(강점-기회) 전략'에 해당한다.

45 조직이해능력 문제　　　　　정답 ②

인사부서의 업무에 해당하는 것은 '㉠, ㉢, ㉤'이다.

오답 체크
㉡은 회계부서, ㉣, ㉥은 영업부서의 업무이다.

46 조직이해능력 문제　　　　　정답 ①

재화와 서비스를 생산하거나 판매해서 이윤을 창출하는 것은 기업의 사회적 책임의 1단계인 경제적 책임에 해당하므로 옳지 않다.

47 조직이해능력 문제　　　　　정답 ④

진입장벽이 낮을수록 해당 산업에 진입하려는 기업이 많아지게 되고, 이로 인해 경쟁이 심화되면 수익성이 떨어지기 때문에 기존 기업은 진입장벽을 높이려 하므로 옳지 않은 설명이다.

48 직업윤리 문제　　　　　정답 ②

가현: 전화를 해달라는 메시지를 받았다면 가능한 한 48시간 안에 답해주어야 하므로 옳지 않은 내용이다.
따라서 직장에서의 전화 예절에 대해 바르게 이해하지 못한 사람은 '1명'이다.

49 직업윤리 문제　　　　　정답 ④

제76조의2에서 파악할 수 있는 직장 내 괴롭힘의 인정 요소는 크게 세 가지로 분류된다.
· 직장에서 지위 또는 관계 등의 우위를 이용하였는가
· 업무상 적정 범위를 넘었는가
· 신체적·정신적 고통을 주거나 근무 환경을 악화시키는 행위를 하였는가

나) 乙의 같은 팀 선배들이 직장에서 지위 또는 관계 등의 우위를 이용하여 업무의 적정 범위를 넘어서 대접을 강요하여 신체적·정신적 고통을 주었으므로 직장 내 괴롭힘에 해당한다.
다) 丙의 직속 선배가 직장에서의 지위 또는 관계 등의 우위를 이용하여 업무의 적정 범위를 넘어서 평상시에 하던 업무가 아닌 허드렛일만 시켜 신체적·정신적 고통을 주었으므로 직장 내 괴롭힘에 해당한다.
라) 丁의 후임이 회사 대표의 총애를 받는 관계의 우위를 이용하여 업무상 적정 범위를 넘어서 업무 지시를 일부러 반복해서 누락하고 주변 사람들에게 험담하여 신체적·정신적 고통을 주었으므로 직장 내 괴롭힘에 해당한다.

오답 체크
가) 甲이 본인의 업무 능력이 부족하여 동료들이 함께 일하기 꺼린다는 사실을 팀장과의 면담으로 알게 된 것은 업무 효율이 낮은 직원에 대한 역량 평가의 일환으로 볼 수 있으며, 업무상 적정 범위를 넘었다고 판단하기 어려우므로 직장 내 괴롭힘에 해당하지 않는다.
마) 戊가 마감일까지 업무를 처리해야 하는 불가피한 이유로 주말 출근을 지시받은 것은 업무상 적정 범위를 넘었다고 판단하기 어려우므로 직장 내 괴롭힘에 해당하지 않는다.

50 직업윤리 문제 정답 ③

한탕주의를 꿈꾸는 A는 성실하지 않은 사람이고, 업무시간에 개인적인 용무를 보는 D는 근면하지 않은 사람이고, 부정을 눈감아 준 E는 정직하지 않은 사람이므로, 직업윤리에 어긋나는 행동을 한 사람은 'A, D, E'이다.

오답 체크

항상 최고의 품질을 고객에게 제공하려는 B는 서비스 정신이 투철한 사람이고, 건강관리를 잘하여 일에 지장이 없도록 한 C는 근면한 사람이다.

51 일반상식 문제 정답 ①

세형동검은 철기 시대의 유물이므로 신석기 시대 유물에 해당하지 않는다.

52 일반상식 문제 정답 ③

매년 12월에 영고라는 제천행사를 시행한 고대국가는 부여이다.

53 일반상식 문제 정답 ③

제시된 지문에서 ㉠은 신라, ㉡은 고구려이다.
칠지도는 백제와 일본의 외교관계를 보여주는 것이므로 옳지 않은 설명이다.

54 일반상식 문제 정답 ⑤

22담로에 왕족을 파견하여 지방에 대한 통제를 강화하고 중국 남조의 양과 교류하여 백제의 문화·예술을 발전시킨 것은 백제 무령왕의 업적이므로 옳지 않은 설명이다.

55 일반상식 문제 정답 ④

지문의 빈칸에는 묘청이 들어가고, 그와 관련 있는 사건은 '묘청의 난'이다.

56 일반상식 문제 정답 ①

포수와 사수, 살수를 훈련시키는 부대인 훈련도감이 설치된 시기는 조선 제14대 왕인 선조 때이다.

🔎 **더 알아보기**
- 농사직설: 1429년(세종 11년)에 각 도의 관찰사가 경험이 많은 농부들에게서 들은 농사에 관한 지식을 모아 편찬한 농서

57 일반상식 문제 정답 ②

제시된 지문은 청해진을 설치하여 해적을 소탕하고, 당·일본·신라를 연결한 해상 무역권을 장악한 통일 신라의 장군 '장보고'에 대한 설명이다.

오답 체크

① 계백 : 나·당 연합군에 맞서 전투를 벌이다 황산벌에서 전사한 백제의 장군
③ 최영 : 홍건적의 침입을 막고 왜구를 소탕하며 고려를 지켰으나, 요동 정벌을 추진하다 위화도 회군 이후 이성계에 의해 실각한 고려의 장군
④ 김유신 : 나·당 연합군을 이끌어 백제와 고구려를 멸망시키며 삼국 통일에 공을 세운 신라의 장군
⑤ 곽재우 : 임진왜란 당시 의병을 일으켜 왜군을 막은 조선의 장군

58 일반상식 문제 정답 ⑤

제시된 지문은 1894년에 일어난 '동학농민운동'과 관련 있다.

오답 체크

① 을미의병 : 1895년(고종 32년) 을미사변과 단발령의 시행에 반발하여 유생들이 주도하여 일어난 항일 의병
② 갑오개혁 : 1894년(고종 31년)부터 3차에 걸쳐 추진된 일련의 개혁 운동으로, 근대화의 시발점이 되었으나 일본의 압력이 많이 들어갔다는 한계가 있음
③ 임오군란 : 1882년(고종 19년)에 구식 군대가 일으킨 반란으로, 그 결과 청의 내정 간섭이 심화되고 일본과 제물포조약을 체결하게 됨
④ 갑신정변 : 1884년(고종 21년)에 급진개화파가 조선의 근대화와 자주독립을 위해 일으킨 정변으로, 청의 간섭으로 3일 만에 붕괴되었으며(삼일천하), 이로 인해 한성조약과 텐진조약이 체결됨

🔎 **더 알아보기**
- 동학농민운동 : 1894년(고종 31년)에 동학농민군이 중심이 되어 일으킨 반봉건·반외세 운동으로, 동학농민운동의 주장은 갑오개혁에 일부 반영되었으며 항일 독립정신 고취에 영향을 끼침

59 일반상식 문제 정답 ④

제시된 내용은 '윤봉길'에 대한 설명이다.

오답 체크

① 이봉창 : 일본 도쿄에서 관병식을 마치고 궁으로 돌아가던 일왕에게 수류탄을 던졌던 독립운동가
② 신채호 : 황성신문과 대한매일신보에서 역사 논문을 발표하고 언론 활동을 하며 민족의식 함양에 앞장섰던 독립운동가
③ 안창호 : 독립운동 단체인 독립협회, 신민회, 흥사단 등에서 활발히 활동했던 독립운동가

⑤ 김구: 호는 백범(白凡)으로 3·1 운동 후에 중국 상하이에 대한민국 임시정부를 세우는 일에 참여하였고 한국 독립당·한인 애국단 등을 조직하였으며 1944년 임시정부 주석으로 선임됨

60 일반상식 문제 정답 ③

㉠은 제4대, ㉡은 제13대, ㉢은 제1~3대, ㉣은 제10대, ㉤은 제14대 대한민국 대통령의 이름이다.
따라서 대통령의 이름을 재임 순서에 따라 바르게 나열하면 '㉢ 이승만(제1~3대) → ㉠ 윤보선(제4대) → ㉣ 최규하(제10대) → ㉡ 노태우(제13대) → ㉤ 김영삼(제14대)'이 된다.

61 일반상식 문제 정답 ②

제시된 단어에 쓰인 한자는 '蒐(모을 수)'이다.

오답 체크
①, ③, ④, ⑤에 쓰인 한자는 '收(거둘 수)'이다.

62 일반상식 문제 정답 ④

부시시하다 (X) → 부스스하다 (O)

63 일반상식 문제 정답 ②

숱하다: [숟타다] (X) → [수타다] (O)
표준 발음법 제12항 1 붙임2에 따라 'ㄷ'으로 발음되는 'ㅅ, ㅈ, ㅊ, ㅌ'이 뒤 음절 첫소리 'ㅎ'과 결합되면 두 소리를 합쳐서 [ㅌ]으로 발음한다. 따라서 '[수타다]'로 발음된다.

64 일반상식 문제 정답 ③

밑줄 친 부분은 기업의 경영자가 사회 공익보다는 기업의 이윤추구에만 치중하기 쉽다는 내용이다. 따라서 사사로운 이익과 욕심이라는 의미의 '사리사욕(私利私慾)'이 적절하다.

오답 체크
① 방약무인(傍若無人): 곁에 사람이 없는 것처럼 아무 거리낌 없이 함부로 말하고 행동하는 태도가 있음
② 감탄고토(甘呑苦吐): 달면 삼키고 쓰면 뱉는다는 뜻으로, 자신의 비위에 따라서 사리의 옳고 그름을 판단함을 이르는 말
④ 표리부동(表裏不同): 겉으로 드러나는 언행과 속으로 가지는 생각이 다름
⑤ 구밀복검(口蜜腹劍): 입에는 꿀이 있고 배 속에는 칼이 있다는 뜻으로, 말로는 친한 듯하나 속으로는 해칠 생각이 있음을 이르는 말

65 일반상식 문제 정답 ③

한글 맞춤법 제30항 1에 따라 '나뭇잎'으로 쓰는 것이 적절하다.

오답 체크
① 자리세 (X) → 자릿세 (O)
② 머릿말 (X) → 머리말 (O)
④ 양치물 (X) → 양칫물 (O)
⑤ 선지국 (X) → 선짓국 (O)

🔍 더 알아보기
• 한글 맞춤법 제30항 1: 사이시옷은 순우리말로 된 합성어로서 앞말이 모음으로 끝난 경우, 뒷말의 첫소리가 된소리로 나는 것, 뒷말의 첫소리 'ㄴ, ㅁ' 앞에서 'ㄴ' 소리가 덧나는 것, 뒷말의 첫소리 모음 앞에서 'ㄴㄴ' 소리가 덧나는 것일 때 받치어 적는다.
  예 선짓국, 아랫집, 햇볕 / 뒷머리, 냇물 / 허드렛일, 나뭇잎, 댓잎, 베갯잇
• 한글 맞춤법 제30항 2: 사이시옷은 순우리말과 한자어로 된 합성어로서 앞말이 모음으로 끝난 경우, 뒷말의 첫소리가 된소리로 나는 것, 뒷말의 첫소리 'ㄴ, ㅁ' 앞에서 'ㄴ' 소리가 덧나는 것, 뒷말의 첫소리 모음 앞에서 'ㄴㄴ' 소리가 덧나는 것일 때 받치어 적는다.
  예 귓병, 자릿세, 전셋집, 햇수 / 제삿날, 툇마루, 양칫물 / 예삿일, 훗일
• 한글 맞춤법 제30항 3: 두 글자(한자어 형태소)로 된 한자어 중, 앞 글자의 모음 뒤에서 뒷글자의 첫소리가 된소리로 나는 6개 단어에만 사이시옷을 받치어 적는다.
  예 곳간(庫間), 셋방(貰房) 숫자(數字), 찻간(車間), 툇간(退間), 횟수(回數)

66 일반상식 문제 정답 ⑤

'시망스럽다'는 몹시 짓궂은 데가 있다는 의미이므로 적절하지 않다.
• 생뚱맞다: 하는 행동이나 말이 상황에 맞지 아니하고 매우 엉뚱하다

67 일반상식 문제 정답 ②

제시된 내용은 '플랭크(Flank)'에 대한 설명이다.

오답 체크
① 푸시업(Push-up): 엎드려 뻗친 자세에서 짚은 팔을 굽혔다 폈다 하는 동작
③ 런지(Lunge): 한쪽 발을 뒤쪽으로 뻗은 상태에서 다른 쪽 발을 앞으로 내밀고 무릎을 굽혀 몸을 앞쪽으로 움직이는 동작
④ 스쿼트(Squat): 허벅지가 무릎과 수평이 될 때까지 앉았다 섰다 하는 동작
⑤ 크런치(Crunch): 바닥에 누운 상태에서 어깨가 바닥에서 10cm 정도 떨어지도록 둥글게 구부려 상복부를 수축하는 동작

68 일반상식 문제   정답 ①

제시된 내용은 '코로나 블루'에 대한 설명이다.

69 일반상식 문제   정답 ④

제시된 용어들은 '테니스'와 관련 있다.

> 🔍 **더 알아보기**
> - 피프틴(Fifteen) : 1점을 지칭하는 용어로, 테니스에서는 0포인트를 러브, 1포인트를 피프틴(15), 2포인트를 서티(30), 3포인트를 포티(40)라고 지칭함
> - 러브게임(Love game) : 상대방에게 1포인트도 얻지 못한 경기
> - 타이브레이크(Tie break) : 게임이 6 대 6으로 듀스일 경우 먼저 1포인트를 획득한 자가 승리하는 경기방식

70 일반상식 문제   정답 ③

제시된 사례는 현실 세계에 3차원의 가상 물체를 겹쳐서 보여주는 기술을 이용해 만들어내는 복합형 가상현실인 'AR(Augmented Reality, 증강현실)'과 관련 있다.

오답 체크

① AI(Artificial Intelligence, 인공지능) : 인간의 학습 능력, 지각 능력 등을 컴퓨터 프로그램으로 실현한 기술

② VR(Virtual Reality, 가상현실) : 컴퓨터 기술을 응용하여 인공적인 상황이나 환경을 구축하고 그 안에서 인간이 마치 실제 주변 상황이나 환경과 상호작용하는 것처럼 느끼게 하는 기술

④ QR Code : 1차원적 구성의 바코드 체계보다 많은 정보를 담을 수 있는 격자무늬의 2차원적 코드체계

⑤ Hologram : 여러 각도에서 물체를 관찰할 수 있도록 물체의 3차원 입체상을 묘사하는 기술

71 일반상식 문제   정답 ①

소비세는 직접세가 아닌 간접세에 해당한다.

> 🔍 **더 알아보기**
> - 직접세 : 국가가 납세 의무자에게 직접 징수하는 조세를 의미하는 것으로, 소득세 · 법인세 · 상속세 · 부당 이득세 · 재산세 등이 있음
> - 간접세 : 세금을 납부할 의무가 있는 납세자와 세금을 최종적으로 부담하는 조세 부담자가 다른 조세를 의미하는 것으로, 부가 가치세 · 주세 · 관세 따위의 소비세와, 인지세 · 등록세 · 통행세 따위의 유통세가 있음

72 일반상식 문제   정답 ③

제시된 내용은 '프리덤 하우스'에 대한 설명이다.

오답 체크

① MSF(국경없는의사회) : 세계 각지에서 질병, 기아, 자연재해, 전쟁 등으로 고통받고 있는 이들을 돕는 국제 민간 의료 구호 단체

② 그린피스 : 지구환경과 세계평화를 위해 활동하는 국제 비정부 기구

④ 국제앰네스티 : 국가 권력의 억압을 받는 정치범들 또는 인권침해를 받고 있는 이들을 돕는 비정부 인권 기구

⑤ 유니세프 : 국적, 이념, 종교 등의 차별 없이 어린이를 구호하기 위하여 설립한 국제연합(UN) 산하 국제 구호 단체

73 일반상식 문제   정답 ④

<아이다>는 베르디의 대표 오페라 작품이다.

> 🔍 **더 알아보기**
> - 샤를 구노 : 프랑스의 음악가로, 오페라 <파우스트>, <로미오와 줄리엣>, 가곡 <아베마리아> 등의 작품을 남김

74 일반상식 문제   정답 ④

제시된 내용은 '필리버스터'에 대한 설명이다.

오답 체크

① 오픈 프라이머리 : 당원이 아닌 일반 국민이 정당에서 공직 후보를 뽑는 투표에 참여할 수 있는 제도

② 레퍼렌덤 : 선거 이외의 헌법이나 법률안에 대한 승인 또는 거부를 국민의 표결에 부쳐 결정하는 제도

③ 캐스팅 보트 : 국회 의결에서 찬 · 반 수가 같을 때 국회의장이 갖는 결정권

⑤ 패스트트랙 : 국회에서 발의된 법안을 신속히 처리하기 위한 제도

75 일반상식 문제   정답 ③

체코의 수도는 프라하이고, 키예프는 우크라이나의 수도이다.

76 일반상식 문제   정답 ②

제시된 내용은 '슈바베지수'에 대한 설명이다.

오답 체크

① 로렌츠곡선 : 그래프의 가로축에 소득액 순으로 소득 인원수의 누적 백분비를, 세로축에 소득액의 누적 백분비를 나타내어 얻어지는 곡선으로 소득분포의 불평등을 측정하는 지표

③ 빅맥지수 : 다국적 기업인 맥도날드의 대표 상품인 '빅맥'의 판매가격을 기준으로 각국의 상대적인 물가 수준과 통화가치를 측정하는 지표

④ 지니계수 : 인구분포와 소득분포와의 관계를 나타내는 수치로, 빈부격차와 계층 간 소득분포의 불균형 정도를 평가하는 데 이용되며 수치가 0에 가까울수록 소득분배가 평등한 상태임을 나타내는 지표

⑤ 에인절계수 : 가계 총지출에서 수업료, 장난감 구입비, 용돈 등을 포함한 교육비가 차지하는 비율

77 일반상식 문제　　　　　　정답 ①

제시된 내용은 '어닝서프라이즈'에 대한 설명이다.

오답 체크

② 어닝쇼크 : 어닝서프라이즈와 반대되는 개념으로, 주식시장에 상장된 기업이 분기별 또는 반기별로 실적을 발표할 때 시장의 예상치보다 낮은 실적을 발표하는 것

③ 사이드카 : 시장 상황이 급변할 경우 프로그램매매의 호가효력을 일시적으로 제한함으로써 프로그램매매가 주식시장에 미치는 충격을 완화하고자 하는 제도

④ 서킷브레이커 : 코스피 지수나 코스닥 지수가 일정 수준 이상 하락하는 경우 투자자들이 냉정하게 투자 판단을 할 수 있도록 시장에서의 모든 매매 거래를 일시 중단하는 제도

⑤ 턴어라운드 : 구조조정(Structural Regulation), 리스트럭처링(Restructuring), 리엔지니어링(Reengineering) 등을 포함한 넓은 의미의 기업회생

78 일반상식 문제　　　　　　정답 ③

<오발탄>은 김동인이 아닌 이범선의 작품이다.

> 🔍 더 알아보기
>
> · 김동인 : 사실주의적 수법과 문장의 혁신을 보여주었다는 평을 받는 일제강점기 대표 소설가로 <배따라기>, <감자>, <발가락이 닮았다> 등 유명한 작품을 남겼으나, 친일반민족행위자인 것으로 알려짐

79 일반상식 문제　　　　　　정답 ②

제시된 지문은 시간과 공간이 관측자의 상태에 따라 상대적이라는 '상대성 이론'과 관련 있다.

오답 체크

① 불확정성 원리 : 입자의 위치와 운동량, 에너지와 시간처럼 서로 관계가 있는 한 쌍의 물리량에 대하여 그 두 가지를 동시에 관측하여 정확하게 측정할 수 없다는 원리

③ 에너지 보존 법칙 : 에너지의 형태가 바뀌는 경우, 외부의 영향을 완전히 차단하면 물리적·화학적 변화가 일어나도 그 변화와 관계없이 전체의 에너지양은 항상 일정하다는 법칙

④ 터널 효과 : 입자가 자신이 갖는 운동 에너지보다 높은 에너지 장벽을 어떤 확률을 가지고 빠져나가는 현상

⑤ 관성의 법칙 : 외부로부터 물체에 힘이 작용하지 않는 한 정지한 물체는 정지상태를 그대로 유지하려 하고 운동상태의 물체는 운동상태를 그대로 유지하려는 성질

80 일반상식 문제　　　　　　정답 ②

제시된 내용은 '옐로 저널리즘'에 대한 설명이다.

오답 체크

① 팩 저널리즘 : 취재 방법이나 취재 대상을 보는 시각 등이 획일적이고 독창성이 없는 저널리즘

③ 뉴 저널리즘 : 1960년대 후반부터 미국에서 시작된 것으로, 이전 저널리즘의 단편성과 상투적 수법을 거부하고 대상에 밀착하여 사실을 파헤치고 소설 기법을 적용해 사건을 실감 나게 전달하고자 한 저널리즘

④ 블랙 저널리즘 : 조직이나 개인의 약점을 취재하여 협박하거나, 특정 집단의 이익을 도모할 목적으로 신문이나 잡지를 발행하는 저널리즘

⑤ 경마 저널리즘 : 후보자의 정책이나 공약 등의 심층적 분석이나 비판보다는 득표 상황이나 단순한 판세 위주로 보도하는 저널리즘

81 일반상식 문제　　　　　　정답 ①

도루는 주자가 수비의 허술한 틈을 타서 다음 베이스까지 가는 것을 의미하므로 투수가 아닌 주자와 관련 있는 야구 용어에 해당한다.

오답 체크

② 보크 : 주자가 루에 있을 때 투수가 규칙에 어긋나는 투구 동작을 하는 것

③ 위닝샷 : 승부에서 결정적인 역할을 하는 타구를 의미하는 것으로, 야구에서는 투수가 타자를 아웃시키기 위한 세 번째의 스트라이크 볼을 의미함

④ 세트포지션 : 야구에서, 투수가 타자를 향하여 공을 던질 때 취하는 자세의 하나

⑤ 퀄리티 스타트 : 선발 투수가 6이닝 이상 공을 던지고 3자책점 이하로 경기를 막아 내는 것

82 일반상식 문제　　　　　　정답 ②

멀리뛰기는 근대 5종 경기에 해당하지 않는다.

> 🔍 더 알아보기
>
> · 근대 5종 경기 : 펜싱·수영·승마·육상(크로스컨트리)·사격 등 5개 종목을 하루에 모두 진행하여 각 종목에서 득점한 점수를 합산하여 총점으로 순위를 정하는 경기

83 일반상식 문제 정답 ①

제시된 내용은 '그래미상 시상식'에 대한 설명이다.

오답 체크

② 오스카상 시상식(아카데미 시상식) : 미국 최고 권위의 영화 부문 시상식으로, 골든글로브상 시상식과 함께 미국 양대 영화제로 꼽힘
③ 에미상 시상식 : 미국 최고 권위의 TV 프로그램 부문 시상식
④ 토니상 시상식 : 미국 최고 권위의 연극 · 뮤지컬 부문 시상식
⑤ 골든글로브상 시상식: 미국 최고 권위의 영화 부문 시상식으로, 오스카상 시상식과 함께 미국 양대 영화제로 꼽힘

84 일반상식 문제 정답 ①

제시된 지문은 회사 업무에 열정적으로 몰두했던 A 대리가 어느 순간 무기력함을 느끼며 슬럼프에 빠졌다는 내용이므로 한 가지 일에 지나치게 몰두한 나머지 어느 시점에 다다르면 신체적 · 정신적 피로로 인해 연료가 모두 소진된 것같이 무기력해지는 현상인 '번 아웃 증후군'과 관련 있다.

오답 체크

② 369 증후군 : 변화가 없는 반복적인 일상과 3개월 단위로 업무 평가가 이루어지는 직장 문화 등으로 인해 직장인들이 3개월 간격으로 우울감을 느끼고 이직이나 전직을 고려하는 현상
③ 파랑새 증후군 : 현재의 직업이나 업무에 만족하지 못하고 계속해서 이상만을 추구하는 현상
④ 샌드위치 증후군 : 아래에서는 부하 직원이, 위에서는 경영층이 압박을 가함으로써 중간 관리층이 고통을 겪는 현상
⑤ 스마일 마스크 증후군 : 업무나 가족으로 인한 스트레스 때문에 심리적으로 우울감을 겪고 있으나 겉으로는 아무렇지 않은 듯 웃는 모습으로 포장하는 증상

85 일반상식 문제 정답 ③

제시된 내용은 '게이트 키핑'에 대한 설명이다.

오답 체크

① 엠바고: 일정 시점까지 특정 사건에 대한 언론기관의 보도를 중지시키는 것
② 오프 더 레코드: 소규모 집회나 인터뷰 등에서 뉴스 제공자가 취재진에 비보도를 전제로 비공식 발언을 하는 것
④ 스쿠프: 보도기관에서 경쟁사보다 앞서 특종기사를 보도하는 것
⑤ 아젠다 세팅: 의제 설정이라는 뜻으로, 정부가 사회 문제를 해결하기 위해 공식적 정책 문제로 채택하는 것 또는 언론이 보도한 뉴스가 사회의 중요한 안건으로 자리 잡는 것

86 일반상식 문제 정답 ④

로크는 입헌군주제를 주장하였고, 직접민주제를 옹호한 것은 루소이므로 적절하지 않은 설명이다.

🔍 더 알아보기

• 사회계약설: 사회나 국가가 자유롭고 평등한 개인들의 합의 및 계약에 의해 발생하였다는 주장

87 일반상식 문제 정답 ②

〈피리 부는 소년〉은 에두아르 마네의 작품이다.

오답 체크

①, ③, ④, ⑤는 모두 빈센트 반 고흐의 작품이다.

88 일반상식 문제 정답 ②

제시된 내용은 '스마트 그리드'에 대한 설명이다.

오답 체크

① 에너지 하베스팅 : 자연에서 발생한 에너지 또는 일상생활에서 버려지거나 소모되는 에너지들을 모아 전기 에너지로 전환시키는 기술
③ 리튬 폴리머 : 리튬 이온보다 얇고 가벼우며, 폭발 위험이 적은 충전지
④ 그리드 패리티 : 신재생 에너지 발전단가와 기존에 널리 쓰이던 화석 에너지 발전단가가 같아지는 균형점
⑤ AMI : 'AMbient Intelligence'의 약자로, 일상생활에서 사용하는 사물과 환경에 IT를 내재화시켜 사용자 중심적 서비스를 제공하고, 복지를 지향하는 네트워크

89 일반상식 문제 정답 ③

제시된 지문은 스마트 기기의 중독 현상으로 인해 둔해진 뇌가 제 기능을 하지 못하고 강한 자극에만 반응한다는 내용이므로 첨단 디지털 기기에 너무 익숙해진 나머지 뇌가 강한 자극에는 빠르게 반응하고, 작은 자극에는 반응하지 않아 현실에 무뎌지는 현상인 '팝콘 브레인'과 관련 있다.

오답 체크

① 디지털 치매 : 스마트 기기에 지나치게 의존하여 기억력과 계산능력이 현저하게 떨어지는 현상
② 노모포비아 : '노 모바일폰 포비아(No Mobile phone Phobia)'의 줄임말로, 손에 휴대폰이 없으면 불안감을 느끼는 현상
④ 디지털 격리 증후군 : 면대면 소통보다 모바일을 통한 소통이 더 편하다고 느끼게 되는 현상
⑤ 닌텐도 증후군 : 장시간 불규칙적으로 깜박이는 빛이나 자극이 강한 전자오락에 몰입하면서 생기는 광과민성 발작 현상

90 일반상식 문제

송악산은 제주특별자치도 서귀포시 대정읍 상모리에 위치한 산이다.

오답 체크

①은 겨울철, ②는 가을철, ③은 봄철, ④는 여름철의 금강산을 이르는 말이다.

91 일반상식 문제

사마천은 먼 과거부터 한 무제 때까지의 역사를 기전체 방식으로 정리한 <사기>를 선보인 전한(前漢) 시대의 역사가이다.

92 일반상식 문제

제시된 내용은 '파이어족(FIRE : Financial Independence, Retire Early)'에 대한 설명이다.

오답 체크

① 니트족(NEET : Not in Education, Employment, or Training) : 일할 의지도 없고 교육, 고용, 훈련 등을 모두 거부하는 구직단념자

② 프리터족(Freeter) : 경제 불황이나 자유롭게 살고 싶다는 이유로 특정한 직업 없이 갖가지 아르바이트로 생활하는 사람

③ 딩크족(DINK : Double Income, No Kids) : 정상적인 부부생활을 영위하면서 의도적으로 자녀를 갖지 않는 맞벌이 부부

④ 욜로족(YOLO : You Only Live Once) : 미래를 위해 현재를 희생하기보다는 현재 자신의 행복을 가장 중시하고 소비하는 태도를 지닌 사람

93 일반상식 문제

제시된 내용은 '곰의 포옹'에 대한 설명이다.

오답 체크

② 흑기사 : 적대적 M&A에서 경영권 탈취를 돕는 제3의 세력

③ 황금 낙하산 : 적대적 M&A의 방어 전략 중 하나로, 인수 대상 기업의 CEO가 인수로 인해 사임할 경우를 대비하여 고액의 보상조건을 고용계약에 기재함으로써 안정성을 확보하고 기업 인수 비용을 높이는 전략

④ 토요일 밤 특별작전 : 적대적 M&A의 공격 전략 중 하나로, 증시가 열리지 않는 주말에 공개매수를 선언하여 매수 대상 기업의 경영진이 방어할 기회를 박탈하는 전략

⑤ 포이즌 필 : 적대적 M&A의 방어 전략 중 하나로, 공격을 받는 기업이 경영권 방어를 목적으로 기존 주주들에게 시가보다 저렴한 가격에 주식을 살 수 있는 권리를 부여하는 전략

94 일반상식 문제

벨기에는 G20에 해당하지 않는다.

> 🔍 **더 알아보기**
>
> • G20 회원국: 미국, 일본, 영국, 프랑스, 독일, 캐나다, 이탈리아, 한국, 중국, 호주, 인도, 브라질, 멕시코, 인도네시아, 아르헨티나, 러시아, 터키, 사우디아라비아, 남아공, EU

95 일반상식 문제

제시된 내용은 '링겔만 효과'에 대한 설명이다.

오답 체크

① 노세보 효과 : 플라시보 효과와 반대되는 개념으로, 환자가 가짜 약이라고 인식하고 있다면 효능이 있는 약을 복용하더라도 환자의 상태가 호전되지 않는 현상

② 피그말리온 효과 : 타인이 자신에게 관심을 보이거나 기대를 하게 되면 이에 부응하기 위해 노력을 하여 좋은 결과를 얻거나 능률이 향상되는 현상

③ 낭떠러지 효과 : 자신이 잘 아는 분야에 대해서는 업무 수행 능력이 매우 뛰어나지만 약간이라도 그 분야를 벗어나게 되면 낭떠러지에서 떨어지듯이 모든 문제해결능력이 저하되는 현상

⑤ 앵커링 효과 : 배가 한번 닻을 내리면 그 이상 움직이지 못하는 것처럼 인간의 사고가 처음에 주어지는 정보로부터 큰 영향을 받으면 그 조건에서 크게 벗어나지 못하는 현상으로, 행동경제학에서는 협상 테이블에서 가장 먼저 언급된 조건에 얽매여 그것을 크게 벗어나지 못하는 것을 가리킴

96 일반상식 문제

2015년에 살인죄로 사형에 해당하는 범죄에 대하여 공소시효를 폐지하는 내용의 형사소송법 개정안이 통과되었으므로 옳지 않은 설명이다.

97 일반상식 문제

정답 ⑤

납세권은 국민의 기본권에 해당하지 않는다.

> **🔍 더 알아보기**
>
> **국민의 기본권**
>
> | | |
> |---|---|
> | 평등권 | 각 국민이 법 앞에 평등하여 정치적·경제적·사회적 생활의 모든 면에서 차별을 받지 않을 권리 |
> | 자유권 | 헌법이나 국회의 의결을 거친 법률에 의한 제한 외의 국가 권력에 의하여 자유를 제한받지 않는 권리로, 신앙·학문·언론·집회·결사·직업 선택·주거 이전의 자유 등이 있음 |
> | 참정권 | 국민이 국정에 직간접적으로 참여할 수 있는 권리 |
> | 청구권 | 권리가 침해당했을 때 국가에 구제를 요구할 수 있는 권리 |
> | 사회권 | 국민이 인간다운 생활을 위하여 필요한 사회적 보장책을 국가에 요구할 수 있는 권리 |

98 일반상식 문제

정답 ③

조르주 쇠라는 대표적인 근대 미술 사조의 신인상주의 작가이다.

> **🔍 더 알아보기**
>
> • **상징주의**: 상징적인 방법에 의하여 어떤 정조나 감정 따위를 암시적으로 표현하려는 태도나 경향을 의미하는 것으로, 대표적인 작가로는 구스타프 클림트가 있음

99 일반상식 문제

정답 ②

제시된 지문은 경상북도 울릉군에 위치한 화산섬인 울릉도에 대한 글이다.
삼봉도는 독도의 옛 이름이므로 울릉도와 관련 없다.

오답 체크

① 나리분지: 울릉도에서는 유일하게 넓은 평지를 이루고 있는 곳으로, 우리나라에서 눈이 가장 많이 내리는 지역

③ 대풍감: 울릉도에서 유명한 전망대로, 우리나라 10대 비경으로 꼽히는 곳

④ 삼무오다: 세 가지는 없고 다섯 가지는 많다는 뜻으로, 울릉도에는 도둑, 거지, 뱀의 세 가지가 없는 반면 눈, 바람, 오징어, 미녀, 향나무의 다섯 가지가 많음을 이르는 말

⑤ 우데기: 울릉도 전통 주거 형태로, 눈보라, 비바람, 햇빛 등을 막기 위해 본채의 바깥쪽에 설치한 외벽

100 일반상식 문제

정답 ⑤

제시된 내용은 '스텝'에 대한 설명이다.

오답 체크

① 타이가: 북반구의 냉대 기후 지역에 나타나는 침엽수림을 이르는 말로, 본래는 시베리아에 발달한 침엽수림을 뜻하나, 넓게는 유라시아와 북아메리카 대륙의 북위 50~70도 지역에 분포하는 침엽수림을 지칭하기도 함

② 몬순: 계절에 따라 주기적으로 일정한 방향으로 부는 바람

③ 툰드라: 스칸디나비아반도 북부에서부터 시베리아 북부, 알래스카 및 캐나다 북부에 걸쳐 타이가 지대의 북쪽 북극해 연안에 분포하는 넓은 벌판

④ 사바나: 건기가 뚜렷한 열대와 아열대 지방에서 발달하는 초원 지대

부산교통공사 실전모의고사 2회

정답

01	③	의사소통	26	④	자원관리	51	③	일반상식	76	③	일반상식
02	④	의사소통	27	③	자원관리	52	①	일반상식	77	②	일반상식
03	④	의사소통	28	④	자원관리	53	③	일반상식	78	④	일반상식
04	④	의사소통	29	⑤	자원관리	54	③	일반상식	79	③	일반상식
05	③	의사소통	30	①	조직이해	55	⑤	일반상식	80	①	일반상식
06	②	문제해결	31	②	대인관계	56	④	일반상식	81	③	일반상식
07	④	수리	32	④	대인관계	57	⑤	일반상식	82	③	일반상식
08	②	수리	33	③	대인관계	58	②	일반상식	83	①	일반상식
09	④	수리	34	②	대인관계	59	①	일반상식	84	④	일반상식
10	②	수리	35	①	조직이해	60	②	일반상식	85	⑤	일반상식
11	④	수리	36	⑤	정보	61	①	일반상식	86	②	일반상식
12	④	수리	37	④	정보	62	②	일반상식	87	⑤	일반상식
13	④	수리	38	③	정보	63	②	일반상식	88	②	일반상식
14	③	수리	39	④	정보	64	③	일반상식	89	①	일반상식
15	②	문제해결	40	④	기술	65	③	일반상식	90	③	일반상식
16	⑤	문제해결	41	①	기술	66	④	일반상식	91	⑤	일반상식
17	③	문제해결	42	⑤	기술	67	②	일반상식	92	②	일반상식
18	④	수리	43	⑤	기술	68	②	일반상식	93	①	일반상식
19	①	문제해결	44	④	조직이해	69	②	일반상식	94	③	일반상식
20	②	문제해결	45	①	조직이해	70	④	일반상식	95	④	일반상식
21	③	문제해결	46	②	조직이해	71	②	일반상식	96	②	일반상식
22	④	자기개발	47	③	조직이해	72	⑤	일반상식	97	③	일반상식
23	③	자기개발	48	④	직업윤리	73	①	일반상식	98	①	일반상식
24	②	자기개발	49	②	직업윤리	74	②	일반상식	99	⑤	일반상식
25	③	자원관리	50	⑤	직업윤리	75	①	일반상식	100	③	일반상식

실력점검표

실력점검표를 작성해 보면서 문제 풀이 실력을 점검해 보세요. 틀린 문제와 풀지 못한 문제를 다시 한번 풀어보면서 실력을 향상시키세요.

맞힌 문제 수	제한 시간 내에 푼 문제 수	틀린 문제 번호	풀지 못한 문제 번호
/ 100	/ 100		

해설

01 의사소통능력 문제   정답 ③

ⓒ은 '實施(열매 실, 베풀 시)', ⓐ은 '應試(응할 응, 시험할 시)'로 표기하여 '시'는 모두 '時'가 아닌 다른 한자를 사용하므로 적절하지 않다.

오답 체크

① ㉠은 정하여진 길을 따라 차량 따위를 운전하여 다닌다는 의미의 '運行(운전할 운, 다닐 행)'으로 표기해야 하므로 적절하다.

② ㉡과 자기도 모르는 사이에 물건 따위를 잃어버린다는 의미의 '紛失(어지러울 분, 잃을 실)'은 반대 관계에 있는 단어이므로 적절하다.

④ 기본이 되는 표준이라는 의미의 ㉣과 표준으로 삼아 적용한다는 의미의 ㉤은 모두 '표준'이라는 의미를 포함하므로 적절하다.

⑤ ㉥과 해당 학과를 순서대로 공부하여 마친다는 의미의 '履修(밟을 이, 닦을 수)'는 유의 관계에 있는 단어이므로 적절하다.

02 의사소통능력 문제   정답 ④

김 대리는 이 대리가 자신의 여건에 따라 부탁을 들어줄지 말지를 결정할 수 있도록 하고 있으므로, 감정에 호소하여 상대방의 무조건적인 양보를 바라고 있다고 보기 어렵다

03 의사소통능력 문제   정답 ④

김 대리 : 공공환경시설 악취 개선 사례집 주요 내용에서 지난 3년간의 악취 기술 진단을 완료한 공공환경시설을 대상으로 한다고 하였으므로 적절하지 않다.

윤 사원 : 공공환경시설 악취 개선 사례집 활용 방안에서 ☆☆공단의 홈페이지에서 누구나 열람할 수 있는 게시판에 배포한다고 하였으므로 적절하지 않다.

오답 체크

권 과장 : 요청사항에서 시설관리 본부의 각 팀은 사례집을 참고하여 업무 매뉴얼을 작성해야 한다고 하였으며, 공공환경시설 악취 개선 사례집 주요 내용에서 공공환경시설의 처리공정별 악취 발생 현황과 발생 원인별 측정범위의 세분화 및 자료 분석을 포함한다고 하였으므로 적절하다.

정 주임 : 공공환경시설 악취 개선 사례집의 활용방안에서 악취 방지시설 담당자의 기술 능력 증진과 이를 통한 고객만족도 제고를 기대할 수 있다고 하였으므로 적절하다.

04 의사소통능력 문제   정답 ④

제6조 제1항에서 임대인이 임대차 기간이 끝나기 6개월 전에서 1개월 전까지의 기간에 임차인에게 갱신거절 통지를 하지 아니하거나 계약조건을 변경하지 아니하면 갱신하지 아니한다는 뜻의 통지를 하지 않은 경우에는 그 기간이 끝난 때에 전 임대차와 동일한 조건으로 다시 임대차한 것으로 본다고 하였으며, 임차인이 임대차 갱신을 거절할 때는 임대차기간이 끝나기 1개월 전에만 통지하면 된다고 하였으므로 가장 적절하지 않다.

오답 체크

① 제9조 제2항에서 임차인이 사망한 때에 사망 당시 상속인이 그 주택에서 가정공동생활을 하고 있지 않은 경우에는 그 주택에서 가정공동생활을 하던 사실상 혼인 관계에 있는 자와 2촌 이내의 친족이 공동으로 임차인의 권리와 의무를 승계한다고 하였으므로 적절하다.

② 제6조의2 제1항에서 계약이 갱신된 경우에는 그 존속기간은 2년으로 봄에도 불구하고 임차인은 언제든지 임대인에게 계약해지 통지를 할 수 있다고 하였으므로 적절하다.

③ 제4조 제1항에서 기간을 정하지 아니하거나 2년 미만으로 정한 임대차는 그 기간을 2년으로 본다고 하였으며, 예외적으로 임차인은 2년 미만으로 정한 기간이 유효함을 주장할 수 있다고 하였으므로 적절하다.

⑤ 제9조 제3항에서 임차인의 권리와 의무를 승계받은 대상자가 임차인 사망 후 1개월 이내에 임대인에게 승계 반대의사를 표시한 경우에는 그에게 임차인의 권리를 승계하지 않는다고 하였으므로 적절하다.

05 의사소통능력 문제   정답 ③

공문서 작성법에 따르면 공문서는 붙임의 유무와 관계없이 마지막에 반드시 '끝' 자로 마무리해야 한다고 하였으므로 '붙임 3.' 뒤에 있는 '끝'을 '마침'으로 수정하는 것은 가장 적절하지 않다.

06 문제해결능력 문제   정답 ②

제시된 문장은 채소 가격이 떨어졌기 때문에 채소에 속한 상추도 가격이 떨어졌을 것이라고 여기고 있으므로 전체 집합이 가지는 속성을 그 집합의 부분들도 가지고 있다고 여기는 '분할의 오류'를 범하고 있다.

① 흑백논리의 오류: 이분법적 시각으로 어떤 집합의 원소가 2개뿐이라고 가정하고 중립적인 것을 간과할 때 발생하는 오류

③ 무지에 호소하는 오류: 어떤 주장이 아직 참인지 거짓인지 증명되지 않았음을 근거로 자신의 주장을 받아들이게 할 때 발생하는 오류

④ 합성의 오류: 집합의 부분이 가지는 속성을 전체 집합도 가지고 있다고 여길 때 발생하는 오류

⑤ 자가당착의 오류: 모순된 전제들로부터 결론을 도출하거나 앞뒤 주장이 서로 모순될 때 발생하는 오류

07 수리능력 문제   정답 ④

희민 씨는 20X1년 1월 1일 연이율 10%로 1,000만 원을 대출받았고 20X2년 1월 1일 연이율 5%로 1,600만 원을 대출받았다. 연도에 따른 원금과 이자는 다음과 같다.

구분	원금	이자
20X1년	1,000만 원	$1,000 \times 0.1 = 100$만 원
20X2년	1,000만 원 + 1,600만 원	$1,000 \times 0.1 \times 2 = 200$만 원 + $1,600 \times 0.05 = 80$만 원

이때 희민 씨가 20X3년 1월 1일에 1,000만 원을 상환하는데, 대출금액 상환 시 이자를 우선 상환하고 이후 원금이 큰 대출을 우선 상환하므로 이자 280만 원과 두 번째로 대출받은 1,600만 원에 대한 원금 720만 원을 상환하면, 20X3년에 상환이 남은 원금과 이자는 다음과 같다.

구분	원금	이자
20X3년	1,000만 원 + $1,600 - 720 = 880$만 원	$1,000 \times 0.1 = 100$만 원 + $880 \times 0.05 = 44$만 원

따라서 희민 씨가 상환해야 할 총금액은 $1,000 + 880 + 100 + 44 = 2,024$만 원이다.

08 수리능력 문제   정답 ②

제시된 식에는 # 앞뒤의 숫자를 곱한 수의 제곱 수라는 규칙이 적용된다.
따라서 빈칸에 들어갈 알맞은 수는 $(6 \times 3)^2 = 18^2 = 324$이다.

09 수리능력 문제   정답 ④

2017년 1인 가구수의 전년 대비 증가율은 인천광역시가 $\{(266 - 254) / 254\} \times 100 ≒ 4.7\%$, 대구광역시가 $\{(260 - 247) / 247\} \times 100 ≒ 5.3\%$로 인천광역시가 대구광역시보다 작으므로 적절하지 않은 설명이다.

① 2016년부터 2018년까지 6대 광역시의 1인 가구 비율은 모두 전년 대비 증가하였으므로 적절한 설명이다.

② 전체 가구수 = (1인 가구수 / 1인 가구 비율) × 100임을 적용하여 구하면, 대전광역시의 전체 가구수는 2016년에 $(180 / 30.4) \times 100 ≒ 592$천 가구, 2017년에 $(188 / 31.5) \times 100 ≒ 597$천 가구로 2017년에 전년 대비 증가하였으므로 적절한 설명이다.

③ 2015년 서울특별시의 1인 가구수는 부산광역시의 1인 가구수의 $1,116 / 362 ≒ 3.08$배, 2016년에 $1,139 / 372 ≒ 3.06$배, 2017년에 $1,181 / 389 ≒ 3.04$배, 2018년에 $1,229 / 404 ≒ 3.04$배이므로 적절한 설명이다.

⑤ 2018년 1인 가구 비율이 30% 미만인 지역은 부산광역시, 대구광역시, 인천광역시, 울산광역시이며, 2018년 1인 가구수의 전년 대비 증가량은 부산광역시가 $404 - 389 = 15$천 가구, 대구광역시가 $270 - 260 = 10$천 가구, 인천광역시가 $276 - 266 = 10$천 가구, 울산광역시가 $110 - 107 = 3$천 가구로 1인 가구수가 전년 대비 가장 많이 증가한 지역은 부산광역시이므로 적절한 설명이다.

⏱ 빠른 문제 풀이 Tip

③ 부산광역시의 1인 가구수에 3배 한 값과 서울특별시의 1인 가구수를 대략적으로 비교한다.
부산광역시의 1인 가구수를 일의 자리에서 반올림하여 3배 하면, 2015년에 $360 \times 3 ≒ 1,080$천 가구, 2016년에 $370 \times 3 ≒ 1,110$천 가구, 2017년에 $390 \times 3 ≒ 1,170$천 가구, 2018년에 $400 \times 3 ≒ 1,200$천 가구로 매년 서울특별시의 1인 가구수보다 작으므로 2015년 이후 매년 서울특별시의 1인 가구수는 부산광역시의 1인 가구수의 3배 이상임을 알 수 있다.

④ 2017년 1인 가구수의 전년 대비 증가량(분자)과 2016년 1인 가구수(분모)를 비교한다.
2017년 인천광역시 1인 가구수의 전년 대비 증가량은 $266 - 254 = 12$천 가구로 대구광역시 1인 가구수의 전년 대비 증가량인 $260 - 247 = 13$천 가구보다 작고, 2016년 인천광역시의 1인 가구수는 254천 가구로 대구광역시의 1인 가구수인 247천 가구보다 많으므로 2017년 인천광역시 1인 가구수의 전년 대비 증가율이 대구광역시보다 작음을 알 수 있다.

10 수리능력 문제   정답 ②

$210_{(10)}$을 16진수로 변환하면

16) 210
　　 D ⋯ 2

→ $210_{(10)} = D \times 16^1 + 2 \times 16^0 = D2_{(16)}$이므로 16진수로 변환할 때 문자를 포함하여 표기된다.

① $102_{(10)}$를 16진수로 변환하면

$$16 \,\underline{)\,102}$$
$$\qquad 6 \;\cdots 6$$

→ $102_{(10)} = 6 \times 16^1 + 6 \times 16^0 = 66_{(16)}$이므로 적절하지 않다.

③ $272_{(10)}$를 16진수로 변환하면

$$16 \,\underline{)\,272}$$
$$16 \,\underline{)\,\;17} \;\cdots 0$$
$$\qquad\quad 1 \;\cdots 1$$

→ $272_{(10)} = 1 \times 16^2 + 1 \times 16^1 + 0 \times 16^0 = 110_{(16)}$이므로 적절하지 않다.

④ $529_{(10)}$를 16진수로 변환하면

$$16 \,\underline{)\,529}$$
$$16 \,\underline{)\,\;33} \;\cdots 1$$
$$\qquad\quad 2 \;\cdots 1$$

→ $529_{(10)} = 2 \times 16^2 + 1 \times 16^1 + 1 \times 16^0 = 211_{(16)}$이므로 적절하지 않다.

⑤ $897_{(10)}$을 16진수로 변환하면

$$16 \,\underline{)\,897}$$
$$16 \,\underline{)\,\;56} \;\cdots 1$$
$$\qquad\quad 3 \;\cdots 8$$

→ $897_{(10)} = 3 \times 16^2 + 8 \times 16^1 + 1 \times 16^0 = 381_{(16)}$이므로 적절하지 않다.

11 수리능력 문제 　　　　정답 ④

중앙값은 변량을 최솟값부터 최댓값까지 크기순으로 배열하였을 때 중앙에 위치하는 값이고, 평균값은 변량의 총합을 변량의 개수로 나눈 값임을 적용하여 구한다.

12명의 면접 점수를 점수가 낮은 순서대로 정리하면 다음과 같다.

11	11	11	12	13	13	14	14	15	17	18	19

변량의 개수가 짝수 개일 때 중앙값은 중앙에 위치하는 두 변량의 평균이므로 면접 점수의 중앙값은 $\dfrac{13+14}{2} = 13.5$점이고, 평균값은

$$\dfrac{11+11+11+12+13+13+14+14+15+17+18+19}{12} = 14$$점이다.

따라서 $X+Y = 13.5 + 14 = 27.5$이다.

12 수리능력 문제 　　　　정답 ④

A가 왼손 투수가 던진 공을 한 번 타격할 때 홈런을 칠 확률은 20%이므로 왼손 투수의 공 중에서 홈런을 친 개수는 $250 \times 0.2 = 50$개이고, A가 오른손 투수가 던진 공을 한 번 타격할 때 홈런을 칠 확률은 $100 - 85 = 15$%이므로 오른손 투수의 공 중에서 홈런을 친 개수는 $300 \times 0.15 = 45$개이다.

따라서 올해 A가 친 홈런의 개수는 $50 + 45 = 95$개이다.

[13-14]
13 수리능력 문제 　　　　정답 ④

전체 철도사고 건수가 처음으로 200건 미만이 된 해는 2015년이다. 따라서 2015년 건널목 사고 건수의 전년 대비 증감률은 $\{(12 - 7)/7\} \times 100 \fallingdotseq 71.4$%이다.

14 수리능력 문제 　　　　정답 ③

ㄱ. 사상 사고 건수는 철도사고 유형 중에서 매년 가장 많으며, 사상 사고 건수는 2012년 이후 매년 꾸준히 감소하고 있으므로 옳은 설명이다.

ㄹ. 2018년 전체 철도사고 건수는 98건으로 2015년 전체 철도사고 건수인 138건보다 $138 - 98 = 40$건 감소하였으므로 옳은 설명이다.

ㄴ. 2014~2018년 5년 동안 건널목 사고 건수의 평균은 $(7+12+9+11+8)/5 = 9.4$건이므로 옳지 않은 설명이다.

ㄷ. 조사 기간 동안 열차 사고 건수가 가장 많은 해는 2014년이고, 2014년 사상 사고 건수는 189건으로 열차 사고 건수의 $189/9 = 21$배이므로 옳지 않은 설명이다.

15 문제해결능력 문제 　　　　정답 ②

1개월(6월) 노출 인원 = 1일 노출 인원 $\times 30$으로 1개월 노출 인원과 1일 노출 인원은 서로 정비례하므로 $\dfrac{1개월\ 광고\ 가격}{광고\ 면적 \times 1일\ 노출\ 인원}$이 가장 저렴한 유형이 $\dfrac{1개월\ 광고\ 가격}{광고\ 면적 \times 1개월\ 노출\ 인원}$도 가장 저렴하다. 이때 광고면적이 $4 \times 2 = 8m^2$인 A유형, $3 \times 2 = 6m^2$인 C유형, $1.5 \times 3 = 4.5m^2$인 E유형은 상반기인 6월에 1개월 광고가격의 10%를 할인해준다. 이에 따라 유형별 $\dfrac{1개월\ 광고\ 가격}{광고\ 면적 \times 1일\ 노출\ 인원}$은 다음과 같다.

A유형	$\dfrac{4,500,000 \times 0.9}{4 \times 2 \times 800} \fallingdotseq 633$
B유형	$\dfrac{8,000,000}{3.5 \times 3.5 \times 1,350} \fallingdotseq 484$
C유형	$\dfrac{3,000,000 \times 0.9}{3 \times 2 \times 650} \fallingdotseq 692$
D유형	$\dfrac{7,600,000}{2.5 \times 4.5 \times 1,000} \fallingdotseq 676$
E유형	$\dfrac{3,500,000 \times 0.9}{1.5 \times 3 \times 700} = 1,000$

따라서 갑이 선택하게 될 광고 유형은 $\dfrac{1개월\ 광고\ 가격}{광고\ 면적 \times 1일\ 노출\ 인원}$이 가장 저렴한 'B유형'이다.

16 문제해결능력 문제
정답 ⑤

두 번째 명제와 네 번째 명제의 '대우'를 차례로 결합한 결론과 일치하지 않으므로 항상 옳지 않은 설명이다.
- 두 번째 명제: 자연을 아끼는 사람은 꽃을 좋아한다.
- 네 번째 명제(대우): 꽃을 좋아하는 사람은 벌을 무서워하지 않는다.
- 결론: 자연을 아끼는 사람은 벌을 무서워하지 않는다.

17 문제해결능력 문제
정답 ③

제시된 조건에 따르면 E가 프로젝트를 진행한 조는 2명이고, A와 D는 같은 프로젝트를 진행하였으므로 A와 D가 프로젝트를 진행한 조는 3명임을 알 수 있다. 또한, C는 혼자 프로젝트를 진행하지 않았고, B가 프로젝트를 진행한 조는 3명이 아니므로 F가 프로젝트를 진행한 조의 인원에 따라 가능한 경우는 다음과 같다.

[경우 1] F가 프로젝트를 진행한 조가 1명인 경우

1명	2명	3명
F	B, E	A, C, D

[경우 2] F가 프로젝트를 진행한 조가 2명인 경우

1명	2명	3명
B	E, F	A, C, D

[경우 3] F가 프로젝트를 진행한 조가 3명인 경우

1명	2명	3명
B	C, E	A, D, F

따라서 어떠한 경우에도 B는 F와 서로 다른 프로젝트를 진행하였으므로 항상 옳은 설명이다.

오답 체크
① F가 프로젝트를 진행한 조가 1명 또는 2명인 경우, F는 D와 다른 프로젝트를 진행하였으므로 항상 옳은 설명은 아니다.
② F가 프로젝트를 진행한 조가 3명인 경우, C가 프로젝트를 진행한 조는 2명이므로 항상 옳은 설명은 아니다.
④ F가 프로젝트를 진행한 조가 1명인 경우, B는 E와 함께 프로젝트를 진행하였으므로 항상 옳은 설명은 아니다.
⑤ F가 프로젝트를 진행한 조가 2명인 경우, E는 F와 함께 같은 프로젝트를 진행하였으므로 항상 옳은 설명은 아니다.

18 수리능력 문제
정답 ④

30~39세 중 '약간 불안함'으로 응답한 사람의 비율은 32.7%로, '별로 불안하지 않음'으로 응답한 사람의 비율의 11배인 2.8 × 11 = 30.8%보다 크므로 적절한 설명이다.

오답 체크
① '보통'으로 응답한 사람의 비율과 '매우 불안함'으로 응답한 사람의 비율 차이는 13~19세가 41.5 - 15.8 = 25.7%p, 20~29세가 48.1 - 13.3 = 34.8%p, 30~39세가 54.2 - 9.9 = 44.3%p, 40~49세가 49.1 - 11.3 = 37.8%p, 50~59세가 42.5 - 12.8 = 29.7%p, 60세 이상이 37.8 - 15.4 = 22.4%p로 30~39세가 가장 크므로 적절하지 않은 설명이다.
② '별로 불안하지 않음'으로 응답한 사람의 비율은 20~29세와 40~49세가 3.1%로 동일하지만, 각각의 응답자 수는 알 수 없다.
③ 50~59세 중 '약간 불안함'으로 응답한 사람의 수가 3,321명이라면, 50~59세 전체 응답자 수는 (3,321 / 40.5) × 100 = 8,200명이므로 적절하지 않은 설명이다.
⑤ 13~19세 전체 응답자 수가 12,000명이라면, 13~19세 중 '별로 불안하지 않음'으로 응답한 사람의 비율은 '전혀 불안하지 않음'으로 응답한 사람의 비율보다 4.6 - 1.3 = 3.3%p 더 커 응답한 사람의 수는 12,000 × 0.033 = 396명 더 많으므로 적절하지 않은 설명이다.

⏱ **빠른 문제 풀이 Tip**
① '보통'으로 응답한 사람의 비율이 가장 낮은 연령대는 30~39세이고, '매우 불안함'으로 응답한 사람의 비율이 가장 높은 연령대는 30~39세이므로 '보통'으로 응답한 사람의 비율과 '매우 불안함'으로 응답한 사람의 비율 차이는 30~39세가 가장 큼을 알 수 있다.

19 문제해결능력 문제
정답 ①

만 35세인 직장인 A가 구입한 1개월 정기승차권은 60,000원이고, 1구간 교통카드의 어른 요금은 1,300원이며, 이용 횟수는 6회로 A가 돌려받는 반환금액은 60,000 - (1,300 × 6) - 100 = 52,100원이므로 가장 적절하다.

오답 체크
② 만 49세인 2급 시각장애인 B는 장애인으로 나이에 상관없이 우대권을 발급할 수 있어 무임으로 도시철도 이용이 가능하므로 1일권을 5,000원에 구입하는 것은 적절하지 않다.
③ 만 17세인 고등학생은 청소년에 해당하며, 1구간에 해당하는 교통카드의 청소년 요금은 1인당 1,050원이고 25명이 단체승차권을 교통카드로 구입하였다. 이때, 교통카드 기준 단체승차권의 경우 할인율 10%가 적용되어 (1,050 × 25) × 0.9 = 23,625원을 지불해야 하므로 적절하지 않다.

④ 만 68세인 할아버지 C는 경로 우대자에 해당하여 우대권 발급을 통해 무임으로 도시철도 이용이 가능하므로 종이 승차권을 2,800원에 구입하는 것은 적절하지 않다.

⑤ 만 15세인 중학생 D는 청소년에 해당하며, 2구간에 해당하는 교통카드의 청소년 요금은 1,200원이고, 왕복 이용하여 1,200 × 2 = 2,400원을 지불해야 하므로 적절하지 않다.

20 문제해결능력 문제
정답 ②

㉠ 고객들의 문의가 늘고 있다는 것을 불만 사항이 아닌 관심이 많은 것으로 생각하는 것은 긍정적인 사고를 하고 있는 것이므로 해당하는 모자의 색깔은 '노란색'이다.

㉡ 지금까지 고객의 불만 사항에 대해 답변했던 방식을 바꿔보자고 제안하는 것은 창조적인 사고를 하고 있는 것이므로 해당하는 모자의 색깔은 '초록색'이다.

㉢ 고객 문의가 한 달에 약 300건, 하루 평균 10건의 문의가 들어온다고 한 것은 수치를 바탕으로 한 객관적인 사고를 하고 있는 것이므로 해당하는 모자의 색깔은 '흰색'이다.

㉣ 고객의 문의 내용을 보면 불만이 가득한 것 같아 답변할 때 두려운 마음이 앞선 적이 많다는 것은 고객 문의 사항에 대한 느낀 점, 감정을 말하고 있는 것이므로 해당하는 모자의 색깔은 '빨간색'이다.

㉤ 이제까지 팀원들이 언급했던 다양한 의견들을 요약 및 정리하는 것은 이성적 사고를 하고 있는 것이므로 해당하는 모자의 색깔은 '파란색'이다.

따라서 ㉠~㉤에 해당하지 않는 모자의 색깔은 '검은색'이다.

🔍 더 알아보기
6색 모자 사고 기법

구분	사고 유형	세부 내용
흰색	중립적, 객관적, 사실적 사고	사실, 수치, 정보 등
빨간색	감정적, 직관적 사고	느낌, 육감, 직관, 예감
검은색	부정적, 비관적 사고	단점, 부정적 판단, 실패할 이유, 불가능성
노란색	낙관적, 긍정적 사고	장점, 긍정적 판단, 성공할 이유, 가능성
초록색	창조적, 생산적 사고	새로운 생각, 재미있는 생각, 여러 가지 해결 방안
파란색	이성적 사고	생각하는 순서를 조직, 요약, 개관, 규율의 강조, 다른 모자들을 통제하고 조절

21 문제해결능력 문제
정답 ③

문제해결 절차 중 4단계에 해당하는 ㉠은 '해결안 개발' 단계이다. 선정된 문제의 인과관계 및 구조를 파악하여 해결해야 하는 사항이 무엇인지를 파악하는 것은 문제해결 절차 중 2단계인 문제 도출 단계에 해당하므로 ③이 가장 적절하지 않다.

22 자기개발능력 문제
정답 ④

인사관리를 위해 직무상의 변화 없이 직위 명칭을 변경하는 형식적인 승진이므로 해당하는 승진의 유형은 '대용승진'이 가장 적절하다.

🔍 더 알아보기
승진의 유형

직급승진	담당 직무의 난이도에 따른 능력 위주의 승진
자격승진	직원이 보유하고 있는 자격에 따른 승진 - 신분 자격승진: 학력, 근속연수 등에 따른 승진 - 능력 자격승진: 지식, 회사 기여도 등의 평가에 따른 승진 - 전문적 승진: 전문 직위에 따른 승진 - 역직승진: 조직구조의 관리체계를 위해 직위를 높이는 승진
대용승진	인사관리를 위해 직무상의 변화 없이 직위 명칭을 변경하는 승진
조직변화승진	조직변화에 따른 승진 기회를 제공하는 승진

23 자기개발능력 문제
정답 ③

자기효능감이 낮은 사람은 실패의 원인을 자기 자신의 능력 부족과 같은 내부적 요인으로 귀인하므로 적절하지 않은 설명이다.

24 자기개발능력 문제
정답 ②

자잘하고 비슷한 업무는 묶어서 처리하여 시간을 비롯한 자원이 낭비되지 않도록 해야 효율성과 업무 수행 성과가 높아지므로 이 사원이 수립한 전략이 가장 적절하지 않다.

[25 - 26]
25 자원관리능력 문제
정답 ③

국가별 에어컨 선호 시기를 고려하지 않고 주요 수출 국가별 A회사와 B회사가 얻는 반기 수익의 합을 구하면 다음과 같다.

B회사＼A회사	갑국	을국	병국
갑국	4+(-7)=-3	(-1)+4=3	3+3=6
을국	7+(-2)=5	(-4)+10=6	4+(-1)=3
병국	3+3=6	5+2=7	2+(-2)=0

이때 반기 수익의 합이 클수록 연수익의 합도 크므로 1년 동안 A회사의 주요 수출 국가는 을국, B회사의 주요 수출 국가는 병국일 때 두 회사가 얻는 수익의 합이 가장 크다.

26 자원관리능력 문제
정답 ④

상반기에 에어컨을 선호하는 국가는 을국과 병국이며, 국가가 선호하는 시기에 에어컨을 판매하면 반기별 수익이 50% 증가하거나 반기별 손해가 50% 감소한다. 이에 따라 내년 상반기에 B회사가 병국을 주요 수출 국가로 선정할 때, A회사의 주요 수출 국가에 따라 두 회사의 수익을 (A회사의 반기 수익, B회사의 반기 수익)으로 나타내면 다음과 같다.

B회사＼A회사	갑국	을국	병국
병국	(3, 4.5)	(7.5, 3)	(3, -1)

이에 따라 A회사가 내년 상반기에 B회사보다 더 많은 수익을 내려면 을국과 병국을 주요 수출 국가로 선정해야 한다. 이때 두 회사의 수익 차이는 A회사가 을국을 주요 수출 국가로 선정하면 7.5-3=4.5조 원이고, 병국을 주요 수출 국가로 선정하면 3-(-1)=4조 원이므로 수익 차이가 극대화되는 을국을 주요 수출 국가로 선정해야 한다.
따라서 내년 상반기 A회사와 B회사의 예상 수익 차이는 '4.5조 원'이다.

27 자원관리능력 문제
정답 ③

제시된 [업무 프로세스]에 따라 결정한 업무 순서는 가(온/오프라인 설문조사 및 인터넷 서치) → 라(시장 조사 결과에 따른 고객층 분류) → 나(수요가 높은 고객층을 타겟으로 제품 기획) → 바(제조업체 선정) → 사(기획한 상품 제조) → 마(홍보 및 마케팅 방법 수립) → 다(홍보 및 마케팅 시행) → 아(제품 판매)이다.
따라서 여섯 번째 순서로 진행되어야 할 업무로 가장 적절한 것은 '마'이다.

[28-29]
28 자원관리능력 문제
정답 ④

팀원 동기부여와 관련한 교육 프로그램은 '인적 관리 역량 강화 프로그램'이, 전략 수립 역량을 길러주고 효과적인 실행 프로세스를 습득할 수 있는 교육 프로그램은 '전략&실행 역량 강화 프로그램'이 가장 적절하다.

29 자원관리능력 문제
정답 ⑤

홍 팀장은 교육 기간 첫날인 6월 1일부터 주말을 제외한 평일에만 강의를 수강하였으며, 하루 3시간씩 강의를 수강하되, 외부 업체 미팅이 있는 날에는 하루 1시간만 강의를 수강하였으므로 일자별 홍 팀장의 강의 수강 가능 시간은 다음과 같다.

1일	2일	3일	4일	5일
3시간	3시간	3시간	3시간	3시간
8일	9일	10일	11일	12일
3시간	3시간	1시간	3시간	3시간
15일	16일	17일	18일	19일
3시간	1시간	3시간	1시간	3시간
22일	23일	24일	25일	26일
3시간	1시간	3시간	3시간	3시간

감성 리더십의 총 교육시간은 3+3+2+2+4+4+3+1=22시간이므로 1일부터 10일까지 수강하였음을 알 수 있다. 또한, 감성 리더십 교육을 이수한 다음 날 하루는 강의를 수강하지 않았으므로 진성 리더십 강의는 12일부터 수강하였다. 이때, 진성 리더십의 총 교육시간은 2+3+4+5+4+3+2+1=24시간이므로 25일까지 강의를 수강하였다.
따라서 홍 팀장이 팀장 교육 이수를 완료한 날짜는 '6월 25일'이다.

30 조직이해능력 문제
정답 ①

제시된 지문은 직능식 조직과 프로젝트 조직의 혼합 형태인 '매트릭스 조직'에 대한 설명이다.

오답 체크

② 프로젝트 조직: 특정한 사업 목표를 달성하기 위해 조직 내의 전문 인력으로 조직을 구성했다가 목표가 달성되면 해산하여 본래의 부서로 돌아가는 조직 형태로, 명확한 목표가 있어 사기가 높지만 프로젝트팀 내에서 갈등이 발생하거나 팀워크에 문제가 생길 수 있다는 단점이 있다.

③ 네트워크 조직: 핵심적인 부문에만 조직의 활동을 집중시키고 나머지 부문에 대해서는 아웃소싱이나 전략적 제휴 등을 통해 외부의 전문가에게 맡기는 조직 형태로, 네트워크를 구성하는 개인이나 팀이 상하부 구분 없이 동등한 입장에서 업무를 분담하고 협력함으로써 조직 간에

벽이 없고 부문 간의 교류가 활발하다는 장점이 있다.

④ 사업부제 조직: 단위적 분화의 원리에 따라 제품별·지역별·고객별 등으로 사업 단위를 편성하고 각각에 독립성을 부여하는 조직 형태로, 경영 환경이 불안정할 때 대규모의 조직에 적합하다.

⑤ 라인·스태프 조직: 상급직원에서 순차적으로 하급직원까지 연결되는 라인과 라인에 조언을 하는 것이 주된 역할인 스태프로 이루어진 조직 형태로, 명령의 일원화를 유지하되 전문적 지식을 활용할 수 있다는 장점이 있어 기업의 규모가 큰 경우에 적합하다.

31 대인관계능력 문제   정답 ②

제시된 글에서 김 대리는 팀원들과 친밀한 관계를 맺기 위한 활동을 무의미하다고 여기며, 차라리 집에서 수묵화를 그리는 것이 더 의미 있다고 생각한다.

따라서 김 대리는 인간관계를 무의미하다고 여겨 인간관계를 맺기 위해 시간을 쏟는 것보다 학업, 예술 활동 등 다른 활동을 중시하는 부적응적 인간관계 유형인 '경시형'에 해당한다.

🔍 더 알아보기

부적응적 인간관계 유형

회피형	경시형	• 인간관계를 무의미하다고 여기며 학업, 예술 활동 등 인간관계 이외의 활동을 중시하는 유형 • 고독을 즐기지만 장기화될 경우 권태와 무력감에 빠질 가능성 있음
	불안형	• 인간관계 형성을 원하나, 관계에 대한 불안과 두려움으로 고립된 생활을 하는 유형 • 불안이 심화될 경우 대인공포증으로 발전할 수도 있음
피상형	실리형	• 인간관계를 이득을 얻기 위한 거래관계로 여겨 실리적 목적만을 중시하는 유형
	유희형	• 인간관계는 항상 즐거워야 한다고 여기며, 깊고 친밀한 관계를 불편해하는 유형 • 인간관계가 넓으나 상대를 자주 바꾸며 속을 터놓을 친구가 없음
미숙형	소외형	• 대인관계 기술이 미숙해 따돌림을 당하는 경우가 많은 유형 • 적극적인 인간관계를 추구하나 타인의 호감을 사는 데 실패하며, 무례하고 불편한 사람으로 여겨지기도 함
	반목형	• 인간관계에서 대립과 갈등을 반복적으로 자주 경험하는 유형 • 타인과 친밀한 관계 형성을 잘하기도 하지만, 자기주장이 강하고 인내심과 자제력이 약해 타인의 말과 행동에 쉽게 감정이 상함

탐닉형	의존형	• 자신을 나약하게 여겨 항상 타인에게 결정을 미루고 전적으로 의지하는 유형 • 혼자 있는 것에 대한 고독을 견디지 못하며, 의지 대상을 과대평가 및 우상화하여 깊고 친밀한 관계를 추구함
	지배형	• 혼자가 되는 것에 불안을 느끼고 상대를 지휘하고 통솔할 때 만족을 느끼는 유형 • 자신을 따르는 세력을 찾아 그 집단 내에서 주도적인 역할을 하며, 자기주장이 매우 강해 반대 세력이나 경쟁자를 용납하지 않고 크게 대립함

32 대인관계능력 문제   정답 ④

다은: 甲은 고객의 불만 유형 중 거만형에 해당하며, 거만형은 정중하게 대하면서도 자신의 과시욕이 채워지도록 뽐내든 말든 내버려 두는 것이 효과적이므로 적절하다.

기량: 乙은 고객의 불만 유형 중 빨리빨리형에 해당하며, 빨리빨리형은 성격이 급하고 확신 있는 말이 아니면 잘 믿지 않기 때문에 애매한 화법을 사용하지 않고 만사를 시원스럽게 처리하는 모습을 보여주는 것이 효과적이므로 적절하다.

오답 체크

원삼: 甲이 거만형에 해당하는 것은 맞지만, 분명한 증거나 근거를 제시하여 확신을 갖도록 유도해야 하는 고객은 의심형에 해당하므로 적절하지 않다.

근우: 빨리빨리형에 해당하는 乙과 같은 고객에게 애매한 화법을 사용하면 고객의 신경이 더욱더 날카롭게 곤두서므로 적절하지 않다.

33 대인관계능력 문제   정답 ③

제시된 글에서 링컨은 노예 해방이라는 새로운 비전을 제시하여 전세를 뒤집어 남북전쟁을 승리로 이끌었으며, 그 과정에서 개별 구성원의 노고를 치하하고 칭찬하여 충성심을 얻었다고 하였으므로 새로운 비전을 제시하여 조직의 변화를 이끌고 개개인에게 시간을 할애하여 구성원들에게 충성심을 불어넣는 '변혁적 리더십'이 가장 적절하다.

34 대인관계능력 문제   정답 ②

㉠ 특정 목적이나 임무 완수를 위해 인위적으로 형성된 유형은 '공식적 멘토링'에 해당한다.

㉡ 지속적 관계 유지 및 개인의 조직 적응을 위해 자발적으로 형성된 유형은 '비공식적 멘토링'에 해당한다.

35 조직이해능력 문제 정답 ①

제시된 내용은 맥킨지(McKinsey)의 7-S 모형 구성요소 중 '공유가치(Shared value)'에 대한 설명이다.

오답 체크

② 리더십 스타일(Style) : 구성원을 이끌어나가는 전반적인 조직 관리 스타일
③ 제도절차(System) : 인사평가제도, 임금제도, 교육제도 등과 같은 조직의 관리제도 및 운영 절차
④ 구조(Structure) : 조직의 전략 수행에 필요한 틀로서, 구성원의 역할과 상호관계를 지배하는 공식 요소
⑤ 전략(Strategy) : 조직의 장기적인 목표와 계획을 달성하기 위한 수단·방법

🔍 더 알아보기

• 맥킨지(McKinsey)의 7-S 모형: 공유가치(Shared value), 리더십 스타일(Style), 구성원(Staff), 제도절차(System), 구조(Structure), 전략(Strategy), 관리기술(Skill) 등 7개의 요소로 구성되며, 그중 제도절차·구조·전략을 하드 3S, 공유가치·리더십 스타일·구성원·관리기술을 소프트 4S로 구분하기도 함

36 정보능력 문제 정답 ⑤

Windows 로고 키(⊞)와 R을 조합한 바로 가기 키는 실행 대화상자를 여는 작업을 수행하므로 적절하지 않은 설명이다.

37 정보능력 문제 정답 ④

'오디오 장치 관리'는 제어판의 소리에서 사용할 수 있는 기능이므로 가장 적절하지 않다.

38 정보능력 문제 정답 ③

총무부 신청 물품의 합계 금액을 구하기 위해 사용해야 하는 함수는 COUNTIF가 아니라 SUMIF이다.
따라서 [C23] 셀에 입력할 수식으로 적절한 것은 '=SUMIF(C3:C14, B23, H3:H14)'이다.

🔍 더 알아보기

함수	설명
SUMIF	지정한 범위의 셀 값 중 조건에 맞는 셀의 합을 구할 때 사용하는 함수 [식] =SUMIF(지정한 범위, 조건식, 합을 구할 범위)
COUNTIF	지정한 범위의 셀 값 중 조건에 맞는 셀의 개수를 구할 때 사용하는 함수 [식] =COUNTIF(지정한 범위, 조건식)

39 정보능력 문제 정답 ④

제시된 그림에서 ㉠은 동적인 물건, ㉡은 동적인 정보, ㉢은 정적인 물건, ㉣은 정적인 정보에 해당한다.
따라서 ㉡은 신문이나 TV 뉴스와 같이 시시각각 변화하는 동적인 정보이고, ㉣은 잡지나 책에 실린 정보와 같이 보존되어 멈추어 있는 정적인 정보이므로 옳지 않은 설명이다.

40 기술능력 문제 정답 ④

작업환경에 소방기구가 확보되지 않은 경우는 산업재해의 직접적인 발생 요인 중 물적 원인에 해당하는 불안전한 상태와 관련 있다.

오답 체크

①, ②, ③, ⑤는 산업재해의 직접적인 발생 요인 중 인적 원인에 해당하는 불안전한 행동과 관련 있다.

41 기술능력 문제 정답 ①

상향식 기술 선택의 방법에 따르면 연구자나 엔지니어들은 기업 전체 차원에서 필요한 기술에 대한 체계적인 분석이나 검토 없이 자율적으로 기술을 선택할 수 있어 기술 개발 실무를 담당하는 기술자들의 창의적인 아이디어를 활용할 수 있으므로 수정이 필요한 부분으로 가장 적절하다.

42 기술능력 문제 정답 ⑤

ㄹ : 기술적, 사업적, 인간적 능력을 통합하는 능력은 기술 관리자에게 필요한 능력이다.
ㅂ : 기술을 효과적으로 평가하는 능력은 기술 경영자에게 필요한 능력이다.
ㅇ : 새로운 기술을 빠르게 습득하는 능력은 기술 경영자에게 필요한 능력이다.

오답 체크

ㄱ, ㄴ, ㄷ : 기술 경영자에게 필요한 능력이다.
ㅁ, ㅅ : 기술 관리자에게 필요한 능력이다.

43 기술능력 문제   정답 ⑤

글로벌 벤치마킹은 접근 및 자료 수집이 용이하고 비교 가능한 업무 및 기술 습득이 상대적으로 용이하다는 장점이 있으므로 가장 적절하지 않은 설명이다.

44 조직이해능력 문제   정답 ④

자회사에서 한국 드라마를 제작할 수 있다는 강점을 이용하여 온라인 동영상 스트리밍 서비스 내에 한국 드라마 및 영화가 유행한다는 기회를 획득하는 'SO(강점-기회) 전략'이다.

45 조직이해능력 문제   정답 ①

제시된 그림은 시장 성장률과 상대적 시장 점유율에 따라 사업을 4가지로 구분한 BCG 매트릭스로, 색칠된 영역은 상대적 시장 점유율은 높으나 시장 성장률은 낮은 'Cash cow 사업'에 해당한다.

ⓒ Cash cow 사업은 경쟁사 대비 시장 지배력이 있지만, 저성장 시장에 있어 확장의 기회가 적으므로 옳은 설명이다.

ⓔ Cash cow 사업은 투자의 필요성은 작은 반면에 지속적인 수익을 창출하고 있어 자금의 원천사업이 될 수 있으며, 소비자들의 구매를 촉진시킬 만큼 브랜드 인지도가 있는 사업이므로 옳은 설명이다.

오답 체크

ⓝ 시장 성장률과 상대적 시장 점유율이 모두 높아 경쟁력과 확장의 기회를 동시에 갖지만, 그만큼 재투자도 필요한 'Star 사업'에 대한 설명이다.

ⓒ 시장 성장률은 높지만 상대적 시장 점유율은 낮아 시장 확대를 위한 자금이 많이 필요하여 기업의 전략에 따라 Star 사업 또는 Dog 사업이 될 수 있는 'Question mark 사업'에 대한 설명이다.

46 조직이해능력 문제   정답 ②

내쉬균형은 게임의 각 참여자가 다른 참여자들의 전략을 주어진 것으로 예상하고 자신에게 최적의 전략을 선택할 때, 그 결과가 균형을 이룰 수 있는 최적 전략의 조합이다. 을이 어떤 전략을 선택하는지에 관계없이 갑은 가격 인상보다 가격 유지를 선택할 때 더 큰 보수를 얻기 때문에 갑의 최적 전략은 가격 유지이다. 갑이 가격을 유지할 것이라고 예상하는 경우에 을도 가격 유지를 선택하면 더 큰 보수를 얻을 수 있다. 따라서 내쉬균형이 이뤄지는 경우는 갑과 을이 모두 가격을 유지할 때인 (10, 10)이므로 갑과 을의 보수의 합은 '20'이 된다.

47 조직이해능력 문제   정답 ③

업무가 독립적으로 이루어진다고 하더라도 서열성이 있어 순차적으로 이루어지기도 하고 서로 정보를 주고받기도 하는 등 업무 간에 관계성이 형성되므로 가장 적절하지 않은 설명이다.

48 직업윤리 문제   정답 ④

악수는 윗사람이 아랫사람에게, 연장자가 연소자에게, 기혼자가 미혼자에게 청해야 하므로 가장 적절하지 않은 설명이다.

49 직업윤리 문제   정답 ②

자신이 하고 있는 일이 사회나 기업을 위해 중요한 역할을 하고 있다고 믿고 자신의 활동을 수행하는 태도는 '직분 의식'에 대한 설명이므로 가장 적절하지 않다.

· 천직 의식: 자신의 일이 자신의 능력과 적성에 꼭 맞는다고 여기고 그 일에 열성을 가지고 성실히 임하는 태도

50 직업윤리 문제   정답 ⑤

A : 본인이 고용자로서의 윤리를 지키지 못하면서 근로자에게만 윤리를 강요하고 있으므로 문제가 있다.

F : 퇴사할 때에는 일정 기간을 두고 퇴사 통보를 하거나 다른 직원들과 협의하여 퇴사 날짜를 결정해야 하는데, 일방적으로 퇴사를 통보하고 출근하지 않았으므로 문제가 있다.

51 일반상식 문제   정답 ③

제시된 지문의 '이 시대'는 4대 문명과 고조선이 나타날 때의 시기인 청동기 시대이다.
비파형 동검은 청동기 시대의 대표적인 유물이므로 옳은 설명이다.

오답 체크

①, ⑤는 신석기 시대, ②, ④는 구석기 시대의 생활상이다.

52 일반상식 문제   정답 ①

왕호가 '거서간 → 차차웅 → 이사금 → 마립간 → 왕' 순으로 바뀐 국가는 신라이다.
골품제가 존재한 국가는 신라이므로 옳은 설명이다.

오답 체크

②는 백제, ③은 가야, ④는 고구려, ⑤는 발해에 대한 설명이다.

53 일반상식 문제　　　　정답 ③

제시된 지문은 과거 한반도에서 고구려, 신라와 함께 삼국을 형성한 백제에 대한 설명이다.
분황사 모전석탑은 신라의 문화재이다.

오답 체크

①, ②, ④, ⑤는 모두 백제의 문화재이다.

54 일반상식 문제　　　　정답 ③

율령의 반포를 통한 통치 질서 확립은 법흥왕의 업적이다.

🔍 더 알아보기

· 태종무열왕: 신라 최초의 진골 출신 왕으로, 당과 연합하여 백제를 멸망시켜 삼국 통일의 기반을 다짐

55 일반상식 문제　　　　정답 ⑤

㉠은 제4대 왕인 광종, ㉡은 제31대 왕인 공민왕, ㉢은 제8대 왕인 현종, ㉣은 제6대 왕인 성종의 업적이다.
따라서 재위 순서에 따라 나열하면 '㉠ – ㉣ – ㉢ – ㉡'이 된다.

🔍 더 알아보기

· 노비안검법: 호족들이 불법으로 소유한 노비를 해방시켜 다시 양인(평민)이 될 수 있도록 한 제도

56 일반상식 문제　　　　정답 ④

제시된 지문은 고려 인종 23년(1145년)에 김부식이 서술한 '삼국사기'에 대한 설명이다.

오답 체크

① <동국통감>: 조선 성종 15년(1484년)에 서거정 등이 고조선부터 고려 말까지의 역사를 서술한 역사서
② <삼국유사>: 고려 충렬왕 7년(1281년)에 승려 일연이 고조선부터 후삼국까지의 역사를 서술한 역사서
③ <고려국사>: 조선 태조 4년(1395년)에 정도전 등이 고려 시대의 역사를 서술한 역사서
⑤ <동사강목>: 조선 정조 2년(1778년)에 안정복이 고조선부터 고려 말까지의 역사를 서술한 역사서

57 일반상식 문제　　　　정답 ⑤

수원화성을 축성한 왕은 순조가 아니라 정조이다.

58 일반상식 문제　　　　정답 ②

제시된 지문에서 ⓐ는 퇴계 이황, ⓑ는 율곡 이이이다.
위정척사사상에 영향을 준 것은 퇴계 이황의 주리론이며, 율곡 이이의 주기론은 후에 실학사상과 개화사상에 영향을 주었으므로 옳지 않은 설명이다.

59 일반상식 문제　　　　정답 ①

제시된 내용은 '혼일강리역대국도지도'에 대한 설명이다.

오답 체크

② 곤여만국전도: 1602년에 선교사로 명나라에 와 있던 이탈리아 선교사 마테오 리치가 제작하여 출판한 세계 지도
③ 천하도: 조선 중기 이후 여러 종류가 제작되어 민간에서 사용되었던 지도로서, 제작자는 미상이며, 중국 중심의 세계관을 표현한 관념도
④ 대동여지도: 1861년(조선 철종 12년)에 김정호가 제작한 우리나라의 대축척 지도
⑤ 천하여지도: 1637년 이전에 제작된 것으로 추정되는 지도로, 중국을 중심으로 조선과 일본 등 아시아 지역을 그린 지도

60 일반상식 문제　　　　정답 ②

흥선대원군은 경복궁을 중건하는 데 필요한 비용을 마련하기 위해 원납전을 강제로 징수하고, 당백전을 발행해 백성들의 원성을 샀으므로 옳지 않은 설명이다.

61 일반상식 문제　　　　정답 ①

1895년에 발생한 을미사변은 일본이 1894년에 벌어진 청·일 전쟁에서의 승리로 기세가 등등해졌으나 러시아가 프랑스, 독일과 힘을 합쳐 삼국간섭으로 일본을 경계하고 조선이 러시아와 힘을 합쳐 일본의 강압에서 벗어나려 하자 명성황후를 시해한 사건이다. 러·일 전쟁은 만주와 한국의 지배권을 두고 러시아와 일본이 1904년부터 벌인 전쟁이므로 옳지 않은 설명이다.

62 일반상식 문제　　　　정답 ②

칭찬하고 장려하여 상을 준다는 의미의 포상을 한자로 표기하면 '褒賞(기릴 포, 상줄 상)'이다.

오답 체크

① 副賞(버금 부, 상줄 상)
③ 受賞(받을 수, 상줄 상)
④ 大賞(클 대, 상줄 상)
⑤ 觀賞(볼 관, 상줄 상)

63 일반상식 문제 정답 ②

미류나무 (X) → 미루나무 (O)
표준어 규정 제10항에 따라 모음이 단순화한 형태를 표준어로 삼으므로 '미루나무'가 표준어이다.

64 일반상식 문제 정답 ③

가지런이 (X) → 가지런히 (O)
한글 맞춤법 제51항에 따라 부사의 끝음절이 분명히 '이'로만 나는 것은 '-이'로 적고, '히'로만 나거나 '이'나 '히'로 나는 것은 '-히'로 적는다. 따라서 가지런히의 표준 발음은 [가지런히]이므로 '가지런히'라고 써야 한다.

65 일반상식 문제 정답 ③

걸려던차였는데 (X) → 걸려던 차였는데 (O)
한글 맞춤법 제42항에 따라 어떤 일을 하던 기회나 순간을 의미하는 의존명사 '차'는 앞말과 띄어 쓰고, 목적의 뜻을 더하는 접미사 '-차'는 앞말과 붙여 쓴다.

66 일반상식 문제 정답 ④

제시된 지문은 특정 개인의 경거망동으로 그들이 속한 회사까지 피해를 입었다는 내용의 글이다. 따라서 한 마리의 물고기가 물을 흐린다는 뜻으로, 한 사람의 잘못으로 여러 사람이 피해를 입게 된다는 의미의 '일어탁수(一魚濁水)'가 적절하다.

오답 체크
① 결자해지(結者解之) : 맺은 사람이 풀어야 한다는 뜻으로, 자기가 저지른 일은 자기가 해결해야 함을 이르는 말
② 교각살우(矯角殺牛) : 소의 뿔을 바로잡으려다가 소를 죽인다는 뜻으로, 잘못된 점을 고치려다가 그 방법이나 정도가 지나쳐 오히려 일을 그르침을 이르는 말
③ 방휼지쟁(蚌鷸之爭) : 도요새가 조개와 다투다가 같이 어부에게 잡히고 말았다는 뜻으로, 대립하는 두 세력이 다투다가 결국은 구경하는 다른 사람에게 득을 주는 싸움을 비유적으로 이르는 말
⑤ 낭중지추(囊中之錐) : 주머니 속의 송곳이라는 뜻으로, 재능이 뛰어난 사람은 숨어 있어도 저절로 사람들에게 알려짐을 이르는 말

67 일반상식 문제 정답 ②

제시된 내용은 '버저비터'에 대한 설명이다.

오답 체크
① 리바운드 : 바스켓에 들어가지 않고 링이나 백보드에 맞고 튀어나온 공을 잡아내는 기술

③ 앨리웁 : 바스켓 근처에서 점프한 선수가 공중에서 받은 공을 발이 땅이 닿기 전에 곧장 슛으로 연결하는 기술
④ 바스켓 굿 : 슛 동작 시 상대편 선수가 수비 반칙을 한 경우 그 슛이 골대에 들어가게 되면 점수로 인정되고, 자유투 하나가 더 주어지는 것
⑤ 레이업 슛 : 달리면서 하는 슛

68 일반상식 문제 정답 ②

올림픽 오륜기는 노란색, 빨간색, 파란색, 초록색, 검은색 원으로 구성된다.

69 일반상식 문제 정답 ②

제시된 내용은 '비타민 C'에 대한 설명이다.

오답 체크
① 비타민 A : 시력 유지 및 신체의 저항력 강화에 필요한 것으로, 결핍 시 야맹증이 나타나는 영양소
③ 비타민 D : 뼈 성장에 필수적으로 필요한 것으로, 결핍 시 구루병, 골다공증이 나타나는 영양소
④ 비타민 E : 세포 노화를 막고 세포막을 유지하기 위해 필요한 것으로, 결핍 시 생식 불능, 빈혈이 나타나는 영양소
⑤ 비타민 K : 혈액 응고 반응을 돕고 혈장, 뼈, 신장에 특정한 단백질을 합성하는데 필요한 것으로, 결핍 시 혈액 응고 지연이 나타나는 영양소

70 일반상식 문제 정답 ④

<양반전>은 판소리계 소설이 아니라 조선 후기의 한문 소설에 해당한다.

71 일반상식 문제 정답 ②

빈칸에 들어갈 알파벳은 'B'이다.

🔍 더 알아보기
천리안 2B호는 천리안 2A호의 쌍둥이 위성으로, 천리안 2A호는 기상 및 우주기상을 관측하며, 천리안 2B호는 대기오염물질 및 해양 환경을 관측한다.

72 일반상식 문제 정답 ⑤

제시된 지문은 우스꽝스러운 모습의 주인공 돈키호테를 통해 당시 에스파냐 사회를 풍자한 소설 <돈키호테>에 대한 설명이다.
소설 <노인과 바다>의 노인은 죽음과 대결하고 인간의 한계를 극복하는 위대한 인간으로 묘사되므로 풍자와 관련 없다.

73 일반상식 문제 정답 ①

제시된 내용은 '콜라주'에 대한 설명이다.

오답 체크

② 모자이크: 대리석이나 돌 등을 접착시켜 일정한 형상을 나타내는 기법

③ 마블링: 물에 유성 물감을 떨어뜨린 후 그 위에 종이를 덮어 종이에 물감이 묻어나게 하는 회화 기법

④ 데칼코마니: 종이에 그림물감을 바른 후 그것을 접거나 위에 다른 종이를 겹쳤다가 떼어 내어 우연한 얼룩이나 대칭 무늬를 만들어 내는 회화 기법

⑤ 프로타주: 나뭇조각이나 나뭇잎, 시멘트 바닥, 기타 요철이 있는 물체에 종이를 대고 색연필, 크레용, 숯 따위로 문질러 거기에 베껴지는 무늬나 효과 따위를 응용한 회화 기법

74 일반상식 문제 정답 ②

<베니스의 상인>은 윌리엄 셰익스피어의 5대 희극에 해당한다.

⌕ 더 알아보기

- 셰익스피어 5대 희극: <베니스의 상인>, <말괄량이 길들이기>, <한여름 밤의 꿈>, <뜻대로 하세요>, <십이야>
- 셰익스피어 4대 비극: <햄릿>, <오셀로>, <리어왕>, <맥베스>

75 일반상식 문제 정답 ①

제시된 내용은 '옴부즈맨'에 대한 설명이다.

오답 체크

② 플리바게닝: 피고인이 유죄를 인정하거나 다른 사람에 대해 증언을 하는 대가로 형을 낮추거나 가벼운 죄목으로 다루기로 거래하는 제도

③ 매니페스토: 선거 후보자가 유권자에게 정책 시행 일정, 예산 확보 방안, 우선순위 등과 같이 자세한 내용을 포함하여 제시한 구체적인 공약

④ 휘슬블로어: 자신이 속한 기업이나 정부기관 등의 조직 내부에서 발생하는 부정부패를 폭로하는 내부 고발자

⑤ 플레비사이트: 국가의 중요한 정치 안건에 대해 국민투표를 시행하여 결정하는 제도

76 일반상식 문제 정답 ③

제시된 내용은 '로그롤링'에 대한 설명이다.

오답 체크

① 프레임업: 정치적 반대자를 대중으로부터 고립시켜 탄압할 목적으로 사건 따위를 날조하는 행위

② 레드테이프: 관청에서 공문서를 묶을 때 쓰던 붉은 끈에서 유래한 말로, 번거로운 형식주의를 의미함

④ 마타도어: 근거 없는 사실을 조작하여 상대편을 모함하거나 상대편의 내부를 교란시키는 행위

⑤ 보이콧: 부당한 행위에 대항하기 위해 사회 · 정치 · 경제적 분야에서 조직적으로 벌이는 거부 행위

77 일반상식 문제 정답 ②

②는 조합키에 해당한다.

⌕ 더 알아보기

- 토글키: 하나의 키로 특정 상태를 설정하거나 해제하는 두 가지의 기능을 수행하는 것으로, 한/영, Insert, Caps Lock, Scroll Lock, Num Lock 등이 해당됨
- 조합키: 단독으로는 사용되지 않고 다른 키와 조합하여 특수한 기능을 하는 것으로, Shift, Ctrl, Alt 등이 해당됨

78 일반상식 문제 정답 ④

제시된 내용은 '리베로(Libero)'에 대한 설명이다.

오답 체크

① 윙 스파이커(Wing Spiker): 코트의 오른쪽과 왼쪽에 위치하는 팀의 주 공격수 포지션

② 세터(Setter): 네트 앞 중앙에서 공격수에게 토스를 올려주는 포지션

③ 센터(Center): 네트 앞 중앙에서 블로킹과 중앙 공격을 하는 포지션

⑤ 서브에이스(Serve-ace): 서브로 바로 득점을 올리는 것

79 일반상식 문제 정답 ③

제시된 용어는 모두 자동차 경주에서 사용하는 용어이므로 포뮬러 자동차 경주 대회인 'F1'과 관련 있다.

오답 체크

①은 골프, ②는 아이스하키, ④는 야구, ⑤는 이종종합격투기 대회이다.

80 일반상식 문제   정답 ①

제시된 내용은 '비트겐슈타인'에 대한 설명이다.

81 일반상식 문제   정답 ③

GDP는 한 나라의 국경 안에서 그 나라의 국민과 외국인이 일정 기간 창출한 시장 가치로, 외국인의 국내 생산도 GDP에 포함되므로 옳지 않은 설명이다.

> **🔍 더 알아보기**
> - GNP : 'Gross National Product(국민총생산)'의 약자로, 국경에 관계없이 한 나라의 국민이 일정 기간 국내와 국외에서 창출한 최종 생산물의 시장 가치

82 일반상식 문제   정답 ③

제시된 내용은 '유동성 함정'에 대한 설명이다.

오답 체크

① 더블딥 : 불황기를 잠시 벗어났다가 다시 경기 침체에 빠지는 현상

② 바이플레이션 : 국가 간, 혹은 지역·분야 간에 인플레이션과 디플레이션이 동시에 일어나는 현상

④ 칵테일 리스크 : 여러 악재가 동시다발적으로 뒤섞여 일어나는 경제 위기 상황

⑤ 스태그플레이션 : 불황기에 물가가 계속 상승하여 경기 침체와 물가 상승이 동시에 일어나는 현상

83 일반상식 문제   정답 ①

제시된 내용은 '플렉스(Flex)'에 대한 설명이다.

오답 체크

② 스웨그(Swag) : 셰익스피어의 희곡 <한여름 밤의 꿈>에서 유래한 것으로, 힙합 가수들이 잘난 척을 하거나 으스댈 때를 가리키는 용어이나 값비싼 과시용 명품이 아닌 자신의 개성을 살릴 수 있는 합리적인 상품을 선호하는 경향을 나타낼 때도 사용됨

③ 슬랭(Slang) : 속어, 비어처럼 일반 대중에게 널리 통용되지만 정통어법에서는 벗어난 점잖지 못한 언어

④ 휘게(Hygge) : 아늑하고 기분 좋은 상태라는 뜻으로, 가까운 사람들과 함께 하는 소박한 일상을 중시하는 덴마크와 노르웨이식 생활 방식을 나타낼 때 사용됨

⑤ 케미(Chemistry) : 화학 반응이라는 뜻으로, 사람들 사이의 조화나 주고받는 호흡을 이르는 말

84 일반상식 문제   정답 ④

제시된 내용은 '디마케팅'에 대한 설명이다.

오답 체크

① 언택트 마케팅 : 첨단기술을 활용하여 판매 직원과 소비자가 직접 대면하지 않고 상품이나 서비스를 제공하는 비대면 마케팅 전략

② 니치 마케팅 : 빈틈을 찾아 공략하듯이 시장을 소비자들의 특성에 따라 세분화하고 각 시장에 존재하는 소비자를 대상으로 한 전략을 짜는 마케팅 기법

③ 앰부시 마케팅 : 스포츠 경기에서 대회의 공식 스폰서가 아닌데도 불구하고 특정 선수나 팀의 스폰서가 되거나 이들을 후원하는 내용의 광고문구를 통해 대중에게 대회의 공식 스폰서인 것처럼 인식되도록 하여 제품을 홍보하는 전략

⑤ 다크 넛지 마케팅 : 메시지를 직접적으로 전달하지 않으면서도 소비자들이 비합리적인 구매를 하도록 유도하는 마케팅 전략

85 일반상식 문제   정답 ⑤

제시된 내용은 '티저 광고(Teaser Advertisement)'에 대한 설명이다.

오답 체크

① 시즐 광고(Sizzle Advertisement) : 맥주 광고에서 병 따는 소리나 맥주를 컵에 따르는 소리, 마시는 소리를 강조하는 것처럼 청각을 자극하여 제품의 이미지를 연상하도록 하는 광고 기법

② TAS 광고(Tunnel Advertisement System) : 지하철 터널 내부에 일정 간격으로 비치한 디스플레이 장치와 차량의 운행 속도, 시각적 잔상 효과를 활용하여 내용을 전달하는 광고 기법

③ 키치 광고(Kitsch Advertisement) : 언뜻 보았을 때 무슨 내용인지 알 수 없는 내용보다는 기호와 이미지를 강조하는 광고 기법

④ 비넷 광고(Vignet Advertisement) : 한 가지 주제에 맞춰 다양한 장면을 짧게 연속 방영하여 강렬한 이미지를 주는 광고 기법

86 일반상식 문제   정답 ②

제시된 내용은 '코호트 격리'에 대한 설명이다.

오답 체크

① 팬데믹 : 감염병이 세계적으로 대유행할 때 세계보건기구(WHO)가 선포하는 감염병 최고 경고 등급

③ 에크모 치료 : 환자의 심폐 기능이 정상적이지 않은 경우 환자의 몸 밖으로 혈액을 빼낸 뒤 산소를 공급해 다시 몸속에 투입하는 치료 방식

④ 음압병실 : 전염병 확산 방지 등을 이유로 환자를 외부 및 일반 환자들과 분리하여 수용하고 병실 내부의 공기압을 낮춰 공기가 항상 병실 안쪽으로만 흐르도록 설계해 병원체가 외부로 퍼지는 것을 차단하는 특수 격리 병실

⑤ 대증 치료 : 병의 원인을 찾아 없애기 곤란한 상황에서, 겉으로 나타난 병의 증상에 대응하여 처치를 하는 치료 방식

87 일반상식 문제　　　　　　　정답 ⑤

제시된 내용은 '봉준호' 감독에 대한 설명이다.

88 일반상식 문제　　　　　　　정답 ②

첫 번째 빈칸에는 '경칩', 두 번째 빈칸에는 '동지'가 들어간다.

89 일반상식 문제　　　　　　　정답 ①

지문의 빈칸에는 기존 LTE 주파수 대역보다 높은 초고대역 주파수를 활용하는 5세대 이동통신 기술 '5G'가 들어간다.

오답 체크

② UHD : 'Ultra High Definition'의 약자로, 기존 HD보다 해상도를 높인 초고화질을 제공해 사실감을 극대화하는 방송기술
③ D2D : 'Device To Device'의 약자로, 기지국을 거치지 않고 근거리에 있는 단말기끼리 직접 통신하는 기술
④ LTE-A : 서로 떨어져 있는 LTE 주파수를 묶어 기존 LTE보다 2배 빠른 속도를 구현하는 이동통신 기술
⑤ Li-Fi : LED 전구에서 나오는 빛의 파장을 이용해 데이터를 주고받는 무선통신 기술

90 일반상식 문제　　　　　　　정답 ③

<파우스트>는 요한 볼프강 폰 괴테의 작품이므로 괴테의 또 다른 작품인 <젊은 베르테르의 슬픔>이 적절하다.

오답 체크

①은 헤르만 헤세, ②는 레프 톨스토이, ④는 펄 벅, ⑤는 알베르 카뮈의 작품이다.

91 일반상식 문제　　　　　　　정답 ⑤

자동차세는 지방세에 해당한다.

> 🔍 더 알아보기
> ・ 국세 : 국가 운영을 위해 중앙정부 차원에서 거두어들이는 세금
> ・ 지방세 : 지방정부 운영을 위해 시·도·군 차원에서 거두어들이는 세금

92 일반상식 문제　　　　　　　정답 ②

첫 번째는 간도협약, 두 번째는 간도참변에 대한 설명이므로 빈칸에 공통적으로 들어갈 지역은 '간도'이다.

93 일반상식 문제　　　　　　　정답 ①

첫 번째는 '항소', 두 번째는 '상고', 세 번째는 '항고', 네 번째는 '재항고'에 대한 설명이다.

94 일반상식 문제　　　　　　　정답 ③

'세 살 적 버릇이 여든까지 간다'는 어릴 때 몸에 밴 버릇은 늙어 죽을 때까지 고치기 힘들다는 의미의 속담이고, 스놉효과는 자신이 남들과 차별화된다는 것을 과시하고 싶어 다수의 사람들이 소비하는 제품의 구매를 기피하는 현상이므로 서로 관련 없다.

> 🔍 더 알아보기
> ・ 밴드왜건효과 : 타인의 소비 행태나 특정 제품에 대한 대중적인 유행에 따라 제품을 구매하는 소비 현상
> ・ 작용 반작용의 법칙 : 한 물체가 다른 물체에 어떤 힘을 가하면 두 물체 사이에 크기가 같고 방향이 반대인 힘이 작용하는 성질
> ・ 가속도의 법칙 : 외부로부터 일정한 질량을 가진 물체에 힘이 가해지면 물체가 이동하는데, 이때 물체의 가속도는 가해진 힘에 비례하고 물체의 질량에 반비례하는 성질
> ・ 희소성의 법칙 : 사회 구성원들의 욕망은 무한한 데 비해 그 욕망을 충족시킬 수 있는 자원은 부족한 현상

95 일반상식 문제　　　　　　　정답 ④

제시된 내용은 '가석방'에 대한 설명이다.

오답 체크

① 불구속 입건 : 피고인이 증거 인멸이나 도주의 염려가 없고, 주거 또한 일정하다고 판단될 때 수사기관이 피고인을 구속하지 않고 수사를 진행하는 것
② 보석 : 구속 중이던 피고인이 보증인을 세우거나 일정의 보증금을 지불하는 조건으로 석방되는 제도
③ 집행유예 : 실형 선고를 내리되 그 형의 집행을 일정 기간 미루는 제도로, 그 기간을 사고 없이 넘기면 형의 선고 효력이 없어짐
⑤ 기소유예 : 검사가 형사 사건에 대하여 범죄의 혐의를 인정하나 범인의 성격·연령·환경, 범죄의 경중·정상, 범행 후의 정황 따위를 참작하여 공소를 제기하지 않는 것

96 일반상식 문제   정답 ②

제시된 한자성어 '수어지교(水魚之交)'는 물고기와 물처럼 아주 친밀하여 떨어질 수 없는 사이를 이르는 말로, 유비가 제갈량과 자신의 관계를 비유한 데서 유래하였으므로 '유비'와 '제갈량'과 관련 있다. 삼고초려(三顧草廬)는 인재를 맞아들이기 위하여 참을성 있게 노력함을 이르는 말로, 유비가 난양에 은거하고 있던 제갈량의 초옥으로 세 번이나 찾아갔다는 데서 유래하였으므로 '유비'와 '제갈량'과 관련 있다.

97 일반상식 문제   정답 ③

제시된 내용은 '오마주'에 대한 설명이다.

오답 체크

① 클리셰 : 영화 등에서 오랫동안 습관적으로 쓰여 뻔하게 느껴지는 줄거리나 표현 등을 이르는 말
② 스핀오프 : 영화 등에서 오리지널 작품을 바탕으로 파생되어 나온 작품
④ 프리퀄 : 영화 등에서 오리지널 작품보다 앞선 시기의 이야기를 보여주는 작품
⑤ 맥거핀 : 영화 등에서 실제로는 줄거리에 영향을 미치지 않지만, 마치 중요한 것처럼 등장하여 관객의 시선을 끄는 극적 장치

98 일반상식 문제   정답 ①

제시된 내용은 '넬슨 만델라'에 대한 설명이다.

오답 체크

②는 급진적 흑인 해방 운동가, ③은 미국 최초의 흑인 대통령, ④는 흑인 해방 운동가, ⑤는 흑인 여성 최초의 노벨문학상 수상자이다.

99 일반상식 문제   정답 ⑤

제시된 내용은 '바오바브나무'에 대한 설명이다.

100 일반상식 문제   정답 ③

토네이도는 좁고 강력한 저기압 주위에 부는 강한 회오리바람을 이르는 말이다.

오답 체크

①은 멕시코만·서인도제도, ②는 인도양·벵골만, ④는 북태평양 남서부, ⑤는 호주 부근 남태평양에서 발생하는 열대성저기압을 이르는 말이다.

부산교통공사 합격을 위한
추가 학습 자료 5종

본 교재 인강
30% 할인쿠폰

30% A29A386BC5A8E3NU

* 이용기한 : 2021년 12월 31일까지

전공필기 강의
20% 할인쿠폰

20% 73BA8F26D76EWVEB

* 이용기한 : 2021년 12월 31일까지

부산교통공사
온라인 모의고사
응시권

4E7ECB5ECA48D6E2

* 이용기한 : 2021년 12월 31일까지

부산교통공사 모의고사
온라인 성적 분석 서비스
이용권

88973228E6593592

* 이용기한 : 2021년 12월 31일까지
* 지급일로부터 30일간 PC로 이용 가능

이용방법

해커스공기업 사이트(public.Hackers.com) 접속 후 로그인 ▶ 사이트 메인 우측 상단 [마이클래스] 클릭 ▶ 상단 [결제관리 - 포인트·쿠폰·수강권] 클릭 ▶ [쿠폰/수강권 등록하기]에 위 쿠폰번호 입력 후 이용

· 위 쿠폰은 한 ID당 1회에 한해 등록 및 사용 가능하며, 이벤트 강의 및 프로모션 강의 적용 불가, 쿠폰 중복 할인 불가합니다.
· 이 외 쿠폰 관련 문의는 해커스 고객센터(02-537-5000)로 연락 바랍니다.

NCS 빈출 개념 핵심 요약집(PDF)
이용권

HJL43LV47GH8A3DR

이용방법

해커스공기업 사이트(public.Hackers.com) 접속 후 로그인 ▶ 사이트 메인 우측 퀵바 상단의 [교재 무료자료] 클릭 ▶ [취업 교재 무료자료 다운로드 페이지]에서 본 교재 우측의 자료 [다운로드] 클릭 ▶ 위 쿠폰번호 입력 후 이용

· 이 외 쿠폰 관련 문의는 해커스 고객센터(02-537-5000)로 연락 바랍니다.

공기업 취업의 모든 것, **해커스공기업 public.Hackers.com**

해커스공기업과 함께
부산교통공사 최종 합격!

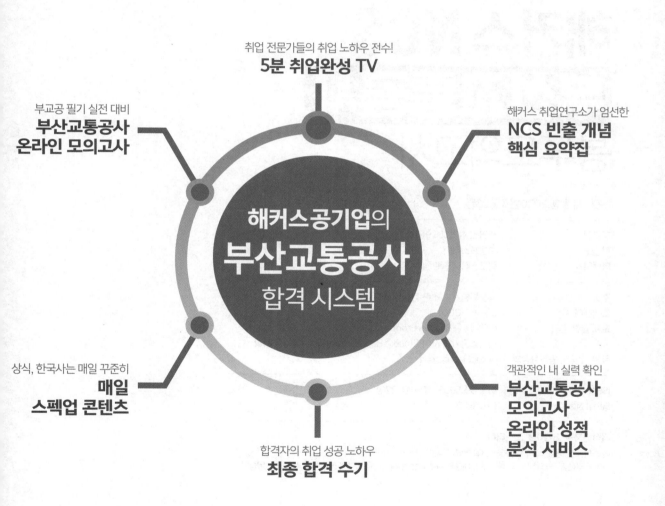

취업 전문가들의 취업 노하우 전수!
5분 취업완성 TV

부교공 필기 실전 대비
**부산교통공사
온라인 모의고사**

해커스 취업연구소가 엄선한
**NCS 빈출 개념
핵심 요약집**

**해커스공기업의
부산교통공사
합격 시스템**

상식, 한국사는 매일 꾸준히
**매일
스펙업 콘텐츠**

합격자의 취업 성공 노하우
최종 합격 수기

객관적인 내 실력 확인
**부산교통공사
모의고사
온라인 성적
분석 서비스**

2020 최신판
공기업 NCS+일반상식 단 한 권으로 최종 마무리!

해커스 NCS
부산교통공사
봉투모의고사

초판 1쇄 발행 2020년 5월 28일

지은이	해커스 취업교육연구소
펴낸곳	㈜챔프스터디
펴낸이	챔프스터디 출판팀

주소	서울특별시 서초구 강남대로61길 23 ㈜챔프스터디
고객센터	02-566-0001
교재 관련 문의	publishing@hackers.com
	해커스공기업 사이트(public.Hackers.com) 교재 Q&A 게시판
학원 강의 및 동영상강의	public.Hackers.com

ISBN	978-89-6965-170-9 (13320)
Serial Number	01-01-02

공기업 취업의 모든 것,
해커스공기업 public.Hackers.com

해커스공기업

- 고득점을 위한 최종 점검용 부산교통공사 온라인 모의고사(교재 내 응시권 수록)
- 시험장 최종 마무리! NCS 빈출 개념 핵심 요약집
- 내 점수와 석차를 확인하는 부산교통공사 모의고사 온라인 성적 분석 서비스
- 영역별 전문 스타강사의 본 교재 인강(교재 내 할인쿠폰 수록)
- 전공시험 대비를 위한 전공필기 강의(교재 내 할인쿠폰 수록)